많은 학부모들이 선택한
어휘력 향상의 길잡이

공습국어 초등어휘는 2008년 첫 선을 보인 이래로 많은 학부모와 학생들로부터 남다른 관심과 사랑을 받고 있습니다. 공습국어 초등어휘가 이렇게 짧은 시간 안에 초등 어휘력 학습을 대표하는 교재로서 자리를 잡을 수 있었던 것은 아이들이 부담 없이 재미있게 공부할 수 있도록 교재를 활용 중심으로 최적화하여 구성한 것과 교과서에 나오는 낱말을 다룸으로써 교과 학습과 자연스럽게 연계할 수 있도록 배려한 것이 아닐까 생각합니다.

그런데 단계별로 교재의 수가 적어 서너 달이 지나면 더 이상 단계에 맞는 어휘력 학습을 지속할 수 없는 문제가 있었습니다. 그렇다고 다음 단계로 넘어가는 것도 좀 애매해서 몇 달 동안 이어온 학습 흐름이 끊어질 수밖에 없었습니다.

이번에 추가로 어휘력 교재를 출간하게 된 것은 **각 단계에 맞는 어휘력 학습을 적어도 1년 정도는 꾸준히 진행**할 수 있게 하기 위해서입니다. 이렇게 함으로써 다음 단계를 학습할 때까지의 기간을 최소화하거나 바로 다음 단계로 넘어가더라도 큰 어려움 없이 적응할 수 있을 것입니다.

그리고 **심화 교재는 기본 교재와는 다른 문제 유형으로 코너를 구성하였습니다. 이는 같은 유형을 반복함으로써 오는 지루함을 없애고 문제 풀이 방법이 관성화되는 것을 막기 위해서**입니다. 또한 이미 알고 있는 낱말이라고 하더라도 유형을 달리하여 풀어봄으로써 어휘를 좀 더 풍부하게 활용할 수 있도록 하기 위해서입니다.

주니어김영사는 교재에 대한 질책과 격려 모두를 소중히 받아 안을 것입니다. 항상 열린 자세로 최대한 교재를 화과적으로 이용할 수 있도록 도와드릴 것이며 아울러 더 좋은 교재로 다가가기 위해 노력하겠습니다.

감사합니다.

공습국어 초등어휘 학습 전략

" 공습국어 초등어휘는 초등 교과서에
나오는 낱말을 중심으로 구성되어 있는
어휘력 프로그램으로,
단순히 낱말의 사전적 의미를 암기하는 것이 아닌
낱말과 낱말 사이의 관계와 낱말의 다양한 쓰임새를
여러 가지 문제 유형을 통해 학습합니다. "

기본과 심화의 연속된 어휘 학습 과정

공습국어 초등어휘는 전 과정이 학년에 따라 나누어져 있습니다. 크게 1·2학년, 3·4학년, 5·6학년 3개의 과정으로 이루어져 있습니다. 그리고 각 과정별로 기본 Ⅰ·Ⅱ·Ⅲ, 심화 Ⅰ·Ⅱ·Ⅲ 단계로 구성되어 있습니다.

과정	단계	
1 · 2학년	기본	Ⅰ, Ⅱ, Ⅲ 단계
	심화	Ⅰ, Ⅱ, Ⅲ 단계
3 · 4학년	기본	Ⅰ, Ⅱ, Ⅲ 단계
	심화	Ⅰ, Ⅱ, Ⅲ 단계
5 · 6학년	기본	Ⅰ, Ⅱ, Ⅲ 단계
	심화	Ⅰ, Ⅱ, Ⅲ 단계

기본 단계와 심화 단계는 서로 다른 구성과 학습 목표를 가지고 있습니다. 기본 단계는 낱말이 가지고 있는 기본적인 의미와 다른 낱말과 관계를 파악하는 단계입니다. 심화 단계는 유추와 연상 활동을 통해 낱말이 가지는 다양한 의미를 알고 정확하게 낱말을 읽고 쓰는 단계입니다.

기본 단계와 심화 단계는 서로 동떨어져 있는 것이 아니라 연속된 훈련 단계입니다. 따라서 공습국어 초등어휘를 처음 시작하는 경우는 기본 단계부터 순서대로 학습하는 것이 학습 효과를 극대화할 수 있습니다.

물론 공습국어 초등어휘 기본 단계로 학습한 경험이 있다면 각 과정의 심화 단계를 공부해도 괜찮습니다. 하지만 1·2학년 과정에서 기본 단계를 학습하고 현재 3학년이나 4학년이 되었다면 3·4학년 과정의 심화 단계보다는 3·4학년 과정의 기본 단계부터 시작하거나, 1·2학년 과정의 심화 단계를 한 다음 3·4학년 과정의 기본 단계로 넘어가는 것이 좋습니다.

교과서의 낱말을 다양한 문제 유형을
통해 재미있게 익힌다!

공습국어 초등어휘의 특징

하나 | 초등 교과서에 나오는 낱말로 문제 구성

공습국어 초등어휘는 국어, 수학, 사회, 과학 등 초등 전 교과에서 낱말을 발췌하여 문제를 구성하였습니다. 각 회별로 8~10개의 낱말이 교과 영역에 따라 들어 있으며 권당 250~300개 정도의 낱말을 익힐 수 있습니다. 따라서 교재에서 다루고 있는 낱말을 익히다 보면 해당 교과의 내용을 이해하는데 많은 도움이 될 것입니다.

둘 | 상황에 따라 낱말이 가지는 복합적 의미 이해

사전에 명시된 낱말의 기본적인 의미뿐만 아니라 상황을 유추하여 적절한 낱말을 찾는 활동, 같은 글자이지만 상황에 따라 전혀 다른 의미를 갖는 낱말을 고르는 활동, 여러 낱말을 보고 공통으로 연상되는 낱말을 찾는 활동을 통해 낱말이 가지는 복합적 의미를 파악하는 데 중점을 두고 학습할 수 있도록 했습니다.

셋 | 바른 글쓰기를 위한 맞춤법 훈련

성인들도 글을 쓸 때 잘못된 낱말을 사용하거나 띄어쓰기가 틀리는 경우가 많이 있습니다. 이것은 한글 맞춤법에서 규정하고 있는 몇 가지 원칙만 제대로 이해한다면 충분히 개선할 수 있습니다. 특히 초등 단계에서부터 한글 맞춤법에 대해 의식적으로 알아보고 관련 문제들을 자주 접해 본다면 바르게 글을 쓰는데 큰 자신감을 갖게 될 것입니다. 공습국어 초등어휘에서는 '낱말 쌈 싸먹기' 꼭지를 통해 매회 한글 맞춤법 연습을 할 수 있으며 이러한 맞춤법 연습을 원활하게 할 수 있도록 하기 위해 135쪽에 '한글 맞춤법 알기'를 별도로 마련했습니다.

넷 | 재미있고 다양한 문제 유형으로 구성된 학습 과정

공습국어 초등어휘는 여러 가지 문제 유형을 통해 다양하게 낱말을 습득하고 활용할 수 있도록 구성하고 있습니다. 특히 본격적인 문제 풀이에 들어가기 전 낱말 퍼즐 형식의 '가로·세로 낱말 만들기'로 두뇌 워밍업을 할 수 있도록 했으며, 아울러 앞선 회의 낱말도 복습할 수 있도록 했습니다. 또한 '낱말은 쏙쏙! 생각은 쑥쑥!' 꼭지의 문제들은 그림이나 퀴즈 형식을 이용하여 지루하지 않게 공부할 수 있습니다.

교재 구성 한눈에 보기

가로·세로 낱말 만들기

'가로·세로 낱말 만들기'는 본격적인 문제 풀이를 하기 전 가볍게 머리를 풀어보는 준비 단계의 의미와 앞선 회에서 공부한 낱말을 찾아서 만들어 봄으로써 한 번 더 낱말을 익힌다는 복습의 의미를 함께 갖고 있습니다. 적게는 3개 많게는 5개 정도 앞선 회에서 배운 낱말을 주어진 글자와 연결 낱말을 이용해 찾아야 합니다. 낱말 만드는 자세한 방법은 7쪽을 참고해 주세요.

- 주어진 연결 낱말을 이용하여 낱말을 만들어보세요. 단 색이 칠해진 칸에는 낱말을 쓸 수 없습니다.
- 만들어야 할 낱말의 개수와 도전 시간이 표시되어 있고, 만든 낱말의 개수와 걸린 시간을 적습니다.
- 글자를 조합하여 앞선 회에 배운 낱말이 있는지 찾아봅니다.

낱말은 쏙쏙! 생각은 쑥쑥!

어휘력 학습을 본격적으로 시작하는 꼭지입니다. '그림으로 낱말 찾기', '낱말 뜻 알기', '낱말 친구 사총사', '연상되는 낱말 찾기', '짧은 글짓기'의 5개 코너로 구성되어 있습니다.

- **걸린 시간** 해당 단원을 푸는 데 걸린 시간을 적습니다.
- **그림으로 낱말 찾기** 원으로 표시된 그림 부분을 보고 유추할 수 있는 낱말을 보기에서 고릅니다.
- **낱말 뜻 알기** 낱말의 기본 의미를 알아보는 코너로 □ 안의 첫 글자를 보고 알맞은 낱말을 적습니다.

공습국어 초등어휘는 모두 30회 과정이며 각 회별로 '가로·세로 낱말 만들기', '낱말은 쏙쏙! 생각은 쑥쑥!', '낱말 쌈 싸 먹기'의 3가지 꼭지가 있습니다.

낱말 친구 사총사 낱말이 가지는 다양한 의미와 낱말 사이의 관계를 알아보는 코너입니다. 네 친구의 말 중 지시문의 물음에 맞는 것을 고르세요.

그림으로 낱말 찾기 원으로 표시된 그림 부분을 보고 유추할 수 있는 낱말을 보기에서 고릅니다.

짧은 글짓기 문장 형식에 맞게 짧은 문장을 만들어 봅니다. 주어진 낱말이 반드시 들어가도록 문장을 만들어 보세요.

낱말 쌈 싸 먹기

'낱말 쌈 싸 먹기'는 맞춤법, 띄어쓰기 코너를 통해 올바른 낱말 표기를 위해 꼭 알아야 할 규칙을 알아봅니다. 또한 관용어와 한자어 꼭지를 통해 상황에 어울리는 속담이나 격언을 찾고, 문장의 의미에 맞는 한자어나 사자성어를 알아봅니다.

맞춤법 두 낱말 중 맞춤법이 올바른 낱말을 찾거나, 맞춤법이 틀린 낱말을 찾아 바르게 고쳐 써 봅니다.

띄어쓰기 두 낱말 중 띄어쓰기가 올바르게 된 낱말을 고릅니다.

관용어 □를 채워 그림이 표현하는 상황에 어울리는 속담이나 격언 등의 관용어를 만들어 봅니다.

한자어 자연스러운 문장이 되도록 □ 안에 들어갈 알맞은 한자어나 사자성어를 찾아봅니다.

꾸준함이 어휘력을 키우는 가장 좋은 방법입니다!
공습국어 초등어휘의 활용

하나) 처음 일주일 정도는 아이와 함께 하세요

공습국어 초등어휘의 코너 구성과 문제 유형을 아이가 이해할 수 있도록 일주일 정도는 아이와 함께 문제를 풀어보세요. 각각의 문제 유형을 설명해주고, 채점을 통해 아이에게 미진한 부분이 있으면 다시 설명해주면서 아이가 혼자서도 충분히 문제를 해결할 수 있도록 도와주세요.

둘) 꾸준히 학습할 수 있는 환경을 만들어주세요

매일 1회분씩 학습 진도를 나가는 것이 가장 이상적이긴 하지만 현실적으로 불가능한 경우가 많습니다. 따라서 매일이 아니더라도 꾸준히 교재를 볼 수 있도록 학습 스케줄을 잡아 주세요. 이때 부모님이 일방적으로 결정하지 마시고 아이와 충분히 상의하여 가능한 아이의 의견이 반영되도록 해주세요.

셋) 1권부터 순서대로 학습할 수 있도록 해 주세요

공습국어 초등어휘 심화 단계는 각 학년별 4~6권에 해당합니다. 그리고 문제 유형이나 내용이 1~3권에 비해 다소 복잡하거나 어렵습니다. 따라서 어휘력 학습을 처음 시작하는 경우라면 1권부터 순서대로 교재를 보는 것이 좋습니다. 물론 이전에 어휘력 교재를 보았거나 국어 실력이 상위권이라면 4권부터 시작해도 괜찮습니다.

넷) 문제 풀이에 걸리는 적정한 시간은 10분 내외입니다

문제를 푸는 데 걸리는 시간은 대략 10분 정도면 충분합니다. 하지만 문제 유형이 익숙하지 않은 초반에는 이보다 시간이 더 걸릴 수도 있습니다. 따라서 일정 기간 동안은 시간에 구애 받지 않고 편하게 문제를 풀면서 교재에 적응할 수 있도록 해 주세요.

다섯) 낱말 쌈 싸 먹기 문제는 이렇게 준비해 주세요

'낱말 쌈 싸 먹기' 문제는 한글 맞춤법과 관용어의 의미를 알고 있어야 문제를 해결할 수 있습니다. 따라서 11~12쪽에 있는 '알쏭달쏭 낱말 알기'와 '관용어 알아보기'를 틈틈이 확인해서 그 내용을 아이가 기억할 수 있도록 해주세요.

가로·세로 낱말 만들기는 이렇게 풀어요!

"'가로·세로 낱말 만들기'는 본격적인 어휘력 학습에 들어가기 전의 워밍업 단계로서 앞선 회에 배운 낱말을 복습하는 활동입니다."

1회에서는 낱말 만들기를 연습합니다. 이미 만들어야 한 낱말이 제시되어 있는데, 글자 표에서 해당 낱말을 찾아본 다음 낱말 판 안의 낱말을 연결하여 해당 낱말을 만들어 봅니다.
2회부터 실제 낱말 만들기를 하게 되는데 이때 낱말 판 안에 낱말을 만들 때 꼭 알아두어야 할 기본 규칙이 있습니다.

- 낱말 판 안에 제시된 낱말을 연결하여 낱말을 만들어야 합니다.
- 낱말 판 안에 색이 칠해진 칸에는 낱말을 만들 수 없습니다.
- 글자는 한 번만 사용 가능하며 중복하여 사용할 수 없습니다.
- 국어사전에 등재되지 않은 낱말은 쓸 수 없습니다.

이 네 가지 기본 규칙을 꼭 기억해서 낱말을 만들 때 실수하지 않도록 하세요.
그럼 낱말을 만드는 기본 순서를 알아볼까요?

3 낱말 판 안의 낱말에 찾은 낱말을 연결해 봅니다. 기본 규칙에 맞게 낱말을 만들어야 함을 잊지 마세요.

2 표 안에 있는 글자를 조합하여 앞선 회에서 공부한 낱말을 찾아봅니다.

1 만들어야 할 낱말의 개수가 몇 개인지 확인합니다.

4 만든 낱말의 개수를 적고 제한된 시간 안에 낱말을 만들었는지 확인합니다.

'낱말은 쏙쏙! 생각은 쑥쑥!'은 이렇게 풀어요!

그림으로 낱말 찾기

'그림으로 낱말 찾기'는 사물의 이름이나, 동작 혹은 어떤 상태나 느낌 등을 나타내는 낱말을 그림을 보면서 유추해보는 활동을 하는 꼭지입니다. 동그라미로 표시된 그림 부분이 아래 보기의 낱말 중 어느 것에 해당하는 지 찾아본 다음, 알맞은 낱말을 □ 안에 적습니다. 그림은 보는 사람에 따라 여러 가지 낱말로 만들 수 있기 때문에 반드시 보기에 제시된 낱말 중에서 가장 알맞은 낱말을 선택해야 합니다.

그리고 □ 위에는 낱말이 가리키는 품사가 적혀 있는데 보기 중에 정답으로 쓸 수 있는 낱말이 두 개 이상 있다면 제시된 품사에 맞는 낱말을 적어야 합니다. 참고로 각각의 품사가 가지고 있는 의미는 다음과 같습니다.

- **이름씨** : 사물의 이름을 나타내는 품사
- **움직씨** : 사물의 동작이나 작용을 나타내는 품사
- **그림씨** : 사물의 성질이나 상태를 나타내는 품사
- **어찌씨** : 다른 말 앞에 놓여 그 뜻을 분명하게 나타내는 품사

낱말 뜻 알기

'낱말 뜻 알기'는 낱말의 기본적인 뜻을 알아보는 활동입니다. 낱말의 뜻을 알기 위해서는 설명하고 있는 글의 □를 채워야 하는데, □에는 어떤 특정한 낱말의 첫 글자가 제시되어 있습니다. 제시된 첫 글자와 전체 문장의 내용을 보고 빈 □ 안에 적당한 글자를 써야 합니다.

□에 채워 완성해야 할 낱말을 비교적 쉽고 단순한 낱말들로 되어 있으므로 조금만 생각해보면 □를 채워 문장을 완성할 수 있을 것입니다.

'낱말은 쏙쏙! 생각은 쑥쑥!'에서 각 활동별로 공부하게 되는 낱말들은 '그림으로 낱말 찾기' 활동의 보기에 제시되어 있습니다. 모두 8~10개의 낱말을 공부하게 되는데, 보기에 제시된 낱말을 잘 살펴보면 모든 활동을 어렵지 않게 짧은 시간 안에 끝낼 수 있습니다.

낱말 친구 사총사

'낱말 친구 사총사'에서는 크게 3가지 활동을 하게 됩니다. 첫째는 소리는 같은 글자이지만 뜻이 다른 낱말을 찾는 활동, 둘째는 다른 세 낱말을 포함하는 큰 말을 찾는 활동, 셋째는 문장 안의 일부 구절이 어떤 뜻인지 찾는 활동입니다.

첫째 번 활동을 예를 들자면 '배'라는 낱말의 경우 문장 안에서 과일의 배로 쓰일 수도 있고 타는 배로 쓰일 수도 있습니다. 이때 만약 세 친구는 '타는 배'라는 뜻으로 배를 사용했고, 한 친구만 '과일의 배'라는 뜻으로 배를 사용했다면 셋과 다르게 말한 한 친구를 정답으로 선택합니다.

연상되는 낱말 찾기

'연상되는 낱말 찾기'는 제시된 세 낱말을 보고 공통으로 연상할 수 있는 낱말을 찾아보는 활동입니다. 제시된 세 낱말은 찾아야 할 낱말의 사전적인 의미이거나 조건이나 상태 등을 나타냅니다.

예를 들어 '산', '배낭', '오르다'라는 세 낱말이 주어졌다면 이 세 낱말을 통해 공통으로 연상할 수 있는 낱말로 '등산'을 떠올릴 수 있을 것입니다.

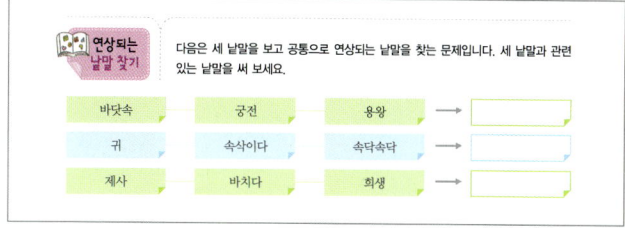

짧은 글짓기

'짧은 글짓기'는 주어진 문장 형식에 맞게 낱말을 넣어 짧은 글을 지어보는 활동입니다. 여러 가지 문장 형식으로 짧은 글을 만들다 보면 낱말이 문장 안에서 쓰일 때 어떻게 활용되는지 확인할 수 있습니다.

만약 '가방'이라는 낱말이 주어지고 이 낱말이 '누가 + 무엇을 + 어떻게 했다'라는 문장 형식을 가진 글에 들어가야 한다면 다음과 같이 문장을 만들 수 있습니다.

아버지께서 가방을 가져갔다.

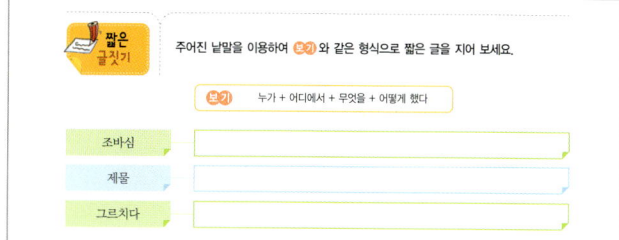

'낱말 쌈 싸 먹기'는 이렇게 풀어요!

'낱말 쌈 싸 먹기'는 맞춤법, 띄어쓰기, 관용어, 한자어와 관련된 문제를 풀게 됩니다. 이 문제들을 풀기 위해서는 다음 쪽에 나오는 '알쏭달쏭 낱말 알기'와 '관용어 알아보기'를 꼼꼼히 읽어 보세요. 문제를 푸는 데 많은 도움이 될 것입니다.

맞춤법 문장 안에 잘못 쓴 낱말을 찾아 바로 고쳐 쓰거나, 두 낱말 중 바르게 쓴 낱말을 찾는 활동입니다. 오른쪽 그림에서처럼 '곰팡이, 곰팽이' 두 낱말이 주어졌다면 '곰팡이'가 바르게 쓴 낱말이므로 '곰팡이'에 동그라미를 치면 됩니다. 맞춤법 문제에 나온 낱말은 11쪽 '알쏭달쏭 낱말 알기'에 정리해 놓았으므로 미리 읽어 두세요.

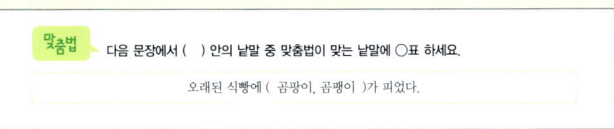

띄어쓰기 굵게 표시된 두 낱말을 중 띄어쓰기가 맞는 것을 찾는 활동입니다. 띄어쓰기 문제를 쉽게 풀기 위해서는 [도움말]을 반드시 읽어보기 바랍니다. [도움말]에는 문제로 나온 낱말을 띄어 써야 할지, 붙여 써야 할지 중요한 힌트가 들어 있기 때문입니다.

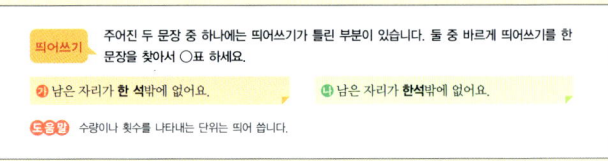

관용어 그림에 제시된 상황과 관련된 속담이나 격언 등의 관용어를 찾는 활동입니다. □ 안에 글자를 넣어 관용어를 완성해 보세요. 예를 들어 '□ 구워 먹은 소식'이라는 문제가 주어졌다면 □ 안에 '꿩'을 적으면 됩니다. 속담이나 격언 등을 잘 모른다면 12쪽 '관용어 알아보기'를 미리 읽어 두세요.

한자어 문장을 읽고 □ 안에 들어갈 한자어나 사자성어를 보기에서 찾아 적는 활동입니다. 한자나 사자성어를 잘 모른다면 한자 사전이나 사자성어를 정리해 둔 책을 같이 놓고 문제를 풀기 바랍니다.

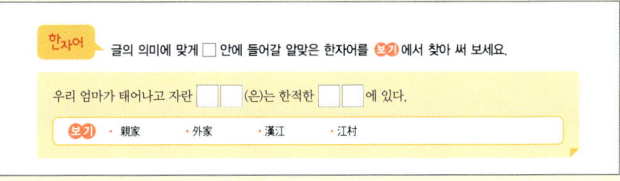

알쏭달쏭 낱말 알기

> 낱말 쌈 싸 먹기의 맞춤법에 나오는 낱말입니다.
> 바르게 쓴 것과 잘못 쓴 것을 잘 비교해서 살펴보세요.

	바름		틀림		바름		틀림
○	가까이	×	가까히	○	닦다	×	딱다
○	가르마	×	가리마	○	맵시	×	맵씨
○	가지런하다	×	가즈런하다	○	배불뚝이	×	배불뚜기
○	가만히	×	가만이	○	미닫이	×	미다지
○	간질이다	×	간지르다	○	벚나무	×	벗나무
○	갉작갉작	×	각작각작	○	아지랑이	×	아지랭이
○	감쪽같이	×	깜족같이	○	소곤소곤	×	소근소근
○	곤란한	×	곤난한	○	뒹굴다	×	딩굴다
○	거두다	×	걷우다	○	반짇고리	×	반질고리
○	겨우살이	×	겨울살이	○	뙤약볕	×	뙤악볕
○	넓적하다	×	넙적하다	○	덥석	×	덥썩
○	끼어들기	×	끼여들기	○	짭짤하다	×	짭잘하다
○	미숫가루	×	미싯가루	○	역할	×	역활
○	동녘	×	동녁	○	더욱이	×	더우기

관용어 알아보기

낱말 쌈 싸 먹기의 관용어에 나오는 속담과 격언입니다.
미리 읽어보고 문제를 풀어 보세요.

- **가방끈이 길다** : 많이 배워 학력이 높다.
- **가재는 게 편** : 모양이나 형편이 서로 비슷하고 인연이 있는 것끼리 서로 잘 어울리고, 사정을 보아주며 감싸 주기 쉬움.
- **걷기도 전에 뛰려고 한다** : 쉽고 작은 일도 해낼 수 없으면서 어렵고 큰일을 하려고 나섬.
- **구슬이 서 말이라도 꿰어야 보배** : 아무리 좋은 것이라도 다듬고 정리하여 쓸모 있게 만들어 놓아야 값어치가 있음.
- **굴러온 돌이 박힌 돌 뺀다** : 외부에서 온 사람이 오래전부터 있던 사람을 내쫓거나 해치려 함.
- **귀가 얇다** : 남의 말을 쉽게 받아들인다.
- **긁어 부스럼** : 아무렇지도 않은 일을 공연히 건드려서 걱정을 일으킴.
- **길고 짧은 것은 대어 보아야 안다** : 잘하고 못하는 것은 실지로 겨루어 보거나 겪어 보아야 알 수 있다.
- **꿩 대신 닭** : 꼭 적당한 것이 없을 때 그와 비슷한 것으로 대신함.
- **나사가 풀리다** : 정신 상태가 해이하다.
- **눈에 넣어도 아프지 않다** : 매우 귀엽다.
- **눈에 밟히다** : 잊혀지지 않고 자꾸 눈에 떠오르다.
- **달면 삼키고 쓰면 뱉는다** : 옳고 그름이나 신의를 돌보지 않고 자기의 이익만 꾀함.
- **닭 잡아먹고 오리 발 내놓기** : 옳지 못한 일을 저질러 놓고 엉뚱한 수작으로 속여 넘기려 함.
- **마른하늘에 날벼락** : 뜻하지 아니한 상황에서 뜻밖에 재난을 입음.
- **마파람에 게 눈 감추듯** : 음식을 매우 빨리 먹어 버리는 모습.
- **매도 먼저 맞는 놈이 낫다** : 이왕 겪어야 할 일이라면 아무리 어렵고 괴롭더라도 먼저 치르는 편이 낫다는 말.
- **목에 힘을 주다** : 거드름을 피우거나 남을 깔보는 듯한 태도를 취하다.
- **못 먹는 감 찔러나 본다** : 제 것으로 만들지 못할 바에야 남도 갖지 못하게 못쓰게 만들려는 태도.
- **물에 빠지면 지푸라기라도 잡는다** : 위급한 때를 당하면 무엇이나 닥치는 대로 잡고 늘어지게 됨.
- **발이 넓다** : 사귀어 아는 사람이 많아 활동하는 범위가 넓다.
- **빈 수레가 더 요란하다** : 실속 없는 사람이 겉으로 더 떠들어 댐.
- **쇠귀에 경 읽기** : 아무리 가르치고 일러 주어도 알아듣지 못하거나 효과가 없음.
- **이 잡듯이** : 샅샅이 뒤지어 찾는 모양.
- **입에 쓴 약이 병에는 좋다** : 충고나 비판이 듣기에 좋지 않지만 그것을 받아들이면 자기 수양에 이로움.
- **제 눈에 안경** : 보잘것없는 물건이라도 제 마음에 들면 좋게 보임.
- **종로에서 뺨 맞고 한강에서 눈 흘긴다** : 욕을 당한 자리에서는 아무 말도 못 하고 뒤에 가서 불평함.
- **참새가 방앗간을 그저 지나랴** : 자기가 좋아하는 곳은 그대로 지나치지 못함.
- **콧대가 높다** : 잘난 체하고 뽐내는 태도가 있다.
- **콩으로 메주를 쑨다 해도 곧이듣지 않는다** : 아무리 사실대로 말하여도 믿지 아니함.

차례 Contents

3·4학년 심화 Ⅱ

01회	015
02회	019
03회	023
04회	027
05회	031
06회	035
07회	039
08회	043
09회	047
10회	051
11회	055
12회	059
13회	063
14회	067
15회	071

16회	075
17회	079
18회	083
19회	087
20회	091
21회	095
22회	099
23회	103
24회	107
25회	111
26회	115
27회	119
28회	123
29회	127
30회	131

부록 | 한글 맞춤법 알아보기 ·········· 135
정답과 해설

공습국어를 시작하며

이제 본격적인 어휘력 공부를 시작하게 돼요.
크게 숨을 한 번 내쉬면서 마음을 가다듬어 보세요.
책을 끝까지 볼 수 있을까? 문제가 어렵지는 않을까? 하는 걱정이
들기도 하겠지만 막상 시작해보면 괜한 걱정이었다 싶을 거예요.
한 번에 밥을 많이 먹으면 탈이 날 수 있는 것처럼
하루에 1회씩만 꾸준히 풀어 보세요.
그러다 보면 어느새 어휘력이
무럭무럭 자라나 있는 걸 볼 수 있을 거예요.
자 그럼 이제 출발해 볼까요?

공부를 시작하기 전에 가볍게 머리를 풀어 보아요!

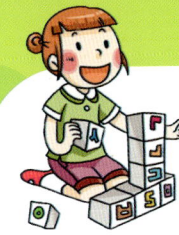

가로·세로 낱말 만들기

01

낱말 만들기 연습을 해 보세요.

		보	양	상	자		

궁	상	보	심	시
대	급	양	자	게

★ 만들어야 할 낱말 : 보급, 게양, 시상대, 자긍심

★ 낱말 만들기 방법은 7쪽을 참고하세요.

낱말은 쏙쏙! 생각은 쑥쑥!

낱말 영역	
걸린 시간	분 초

지시선이 가리키는 그림을 보고 사물의 이름이나 행동, 상태 등에 해당하는 낱말을 보기에서 찾아 □ 안에 쓰세요.

❶ 이름씨
❷ 이름씨
❸ 움직씨
❹ 이름씨
❺ 움직씨

보기 • 영웅 • 간직하다 • 신분 • 빗대다 • 사건 • 차별 • 주인공 • 도술 • 실감

□ 안에는 어떤 낱말의 첫 글자가 쓰여 있습니다. 이 첫 글자를 참고하여 □에 알맞은 말을 넣어 낱말 풀이를 완성해 보세요.

❶ 실감 : 실□로 체험하는 느□.
❷ 빗대다 : 곧□ 말하지 아니하고 빙 둘□ 말하다.
❸ 간직하다 : 물□ 따위를 어떤 장□에 잘 간수하여 두다.
❹ 도술 : 도를 닦아 여러 가지 조□를 부리는 요□이나 술법.
❺ 사건 : 사회적으로 문□를 일으키거나 주□을 받을 만한 뜻밖의 일.

다음 밑줄 친 낱말의 뜻이 다른 셋과 같지 않은 것은 어느 것인지 번호를 고르세요.

① 사람들이 다 나를 쳐다보자, 마치 내가 소설의 **주인공**이 된 듯한 느낌이었어.

② 이 만화의 **주인공**은 다름아닌 손오공이야.

③ 우리 언니는 오랫동안 연극에서 단역만 맡았는데, 드디어 이번에 **주인공**이 되었어.

④ 어린이들이야말로 미래를 이끌어 나갈 **주인공**이야.

다음은 세 낱말을 보고 공통으로 연상되는 낱말을 찾는 문제입니다. 세 낱말과 관련 있는 낱말을 써 보세요.

계급	차별	귀천	→	
뛰어나다	신화	비범한 사람	→	
신령님	조화	술법	→	

주어진 낱말을 이용하여 보기 와 같은 형식으로 짧은 글을 지어 보세요.

보기   언제 + 누가 + 무엇을 + 어떻게 했다

빗대다	
차별	
사건	

낱말 쌈 싸 먹기

알쏭달쏭 헷갈리는 맞춤법, 띄어쓰기, 관용어, 한자어가 이제 한입에 쏙!
하루에 한 쪽씩 맛있게 냠냠 해치우자!

맞춤법 다음 문장에서 ( ) 안의 낱말 중 맞춤법이 맞는 낱말에 ○표 하세요.

윤화는 나와 (가까이, 가까히) 지내는 사이다.

띄어쓰기 주어진 두 문장 중 하나에는 띄어쓰기가 틀린 부분이 있습니다. 둘 중 바르게 띄어쓰기를 한 문장을 찾아서 ○표 하세요.

가 제가 **조금 이나마** 도움이 되었나요?

나 제가 **조금이나마** 도움이 되었나요?

도움말 어떤 낱말 뒤에 붙어서 뜻이 잘 나타나게 도와주거나, 낱말 사이의 관계를 보여주는 말은 앞말에 붙여 씁니다.

관용어 □ 안에 낱말을 넣어서 그림 속 상황과 어울리는 속담이나 격언 등을 만들어 보세요.

참새가 □□□을 그저 지나랴

한자어 글의 의미에 맞게 □ 안에 들어갈 알맞은 한자어를 **보기** 에서 찾아 써 보세요.

오늘은 우리 학교 □□ 기념일이라, 아침부터 기념식 □□(이)가 열렸다.

보기 • 開校   • 學校   • 行動   • 行事

가로·세로 낱말 만들기

공부를 시작하기 전에 가볍게 머리를 풀어 보아요!

 주어진 글자를 연결하여 01회에 공부한 낱말을 만들어 보세요.

						다	
					감	도	
					별		

별	감	도	실	대
술	빗	웅	다	차

★ 도전 시간 | **2분**
★ 만들 낱말 수 | **4개**
★ 만든 낱말 수 | 개

 낱말은 쏙쏙! 생각은 쑥쑥!

낱말 영역 |
걸린 시간 | 분   초

 **그림으로 낱말 찾기**

지시선이 가리키는 그림을 보고 사물의 이름이나 행동, 상태 등에 해당하는 낱말을 보기 에서 찾아 □ 안에 쓰세요.

❶ 이름씨
❷ 이름씨
❸ 이름씨
❹ 이름씨
❺ 이름씨

보기 • 축척   • 강수량   • 방위   • 지도   • 기후   • 등고선   • 분포   • 범례

 **낱말 뜻 알기**

□ 안에는 어떤 낱말의 첫 글자가 쓰여 있습니다. 이 첫 글자를 참고하여 □에 알맞은 말을 넣어 낱말 풀이를 완성해 보세요.

❶ **분포** : 일정한 범[ ]에 흩어져 퍼[ ] 있음.
❷ **기후** : 기[ ], 비, 눈, 바[ ] 따위의 대기 상태.
❸ **범례** : 일러두기. 책의 첫[ ]에 그 책의 내용이나 쓰는 방법 따위에 관한 참[ ] 사항을 설명한 글.
❹ **축척** : 지[ ]에서의 거리와 지표에서의 실[ ] 거리와의 비[ ].
❺ **강수량** : 비, 눈, 우[ ], 안개 따위로 일정 기간 동안 일정한 곳에 내린 물의 총[ ].

 다음 밑줄 친 낱말의 뜻이 다른 셋과 같지 않은 것은 어느 것인지 번호를 고르세요.

 ① 지도에는 항상 축척과 **방위**가 표시되어 있어.

 ② 여기에서 어느 쪽으로 갈지 도저히 **방위**를 가늠하지 못하겠어.

 ③ 나는 어릴 때 지구 **방위**대가 나오는 만화를 즐겨 보았어.

 ④ 나침반을 보면서 먼저 **방위**를 맞춰 보자.

 다음은 세 낱말을 보고 공통으로 연상되는 낱말을 찾는 문제입니다. 세 낱말과 관련 있는 낱말을 써 보세요.

그림	김정호	기호	→	
일기예보	기온	날씨	→	
지도	높낮이	산	→	

 주어진 낱말을 이용하여 보기 와 같은 형식으로 짧은 글을 지어 보세요.

보기 누가 + 왜 + 무엇을 + 어떻게 했다

자료	
강수량	
지도	

낱말 쌈 싸 먹기

알쏭달쏭 헷갈리는 맞춤법, 띄어쓰기, 관용어, 한자어가 이제 한입에 쏙!
하루에 한 쪽씩 맛있게 냠냠 해치우자!

맞춤법 다음 문장에서 맞춤법이 틀린 낱말을 찾아 바르게 고쳐 써 보세요.

선아는 가리마를 타서 머리를 두 갈래로 땋았다.　　(　　　　)→(　　　　)

띄어쓰기 주어진 두 문장 중 하나에는 띄어쓰기가 틀린 부분이 있습니다. 둘 중 바르게 띄어쓰기를 한 문장을 찾아서 ○표 하세요.

㉮ 부부는 하나뿐인 **딸 자식**을 매우 사랑했다.　　㉯ 부부는 하나뿐인 **딸자식**을 매우 사랑했다.

도움말 두 낱말이 합쳐져서 한 낱말이 된 경우에는 붙여 씁니다.

관용어 □ 안에 낱말을 넣어서 그림 속 상황과 어울리는 속담이나 격언 등을 만들어 보세요.

걷기도 전에 □□□ 한다

한자어 글의 의미에 맞게 □ 안에 들어갈 알맞은 사자성어를 `보기`에서 찾아 써 보세요.

엄마는 □□□□ 이라면서 미리미리 준비해야 나중에 화가 없다고 하셨다.

`보기` • 일취월장(日就月將)　　• 유비무환(有備無患)　　• 추풍낙엽(秋風落葉)

가로·세로 낱말 만들기

 주어진 글자를 연결하여 **02**회에 공부한 낱말을 만들어 보세요.

			범	선			
			축	포			

고	포	척	선	범
축	례	등	후	분

★ 도전 시간 | **2분**
★ 만들 낱말 수 | **4개**
★ 만든 낱말 수 | 개

낱말은 쏙쏙! 생각은 쑥쑥!

낱말 영역 |
걸린 시간 | 분 초

 그림으로 낱말 찾기

지시선이 가리키는 그림을 보고 사물의 이름이나 행동, 상태 등에 해당하는 낱말을 **보기**에서 찾아 □ 안에 쓰세요.

① 이름씨
② 이름씨
③ 이름씨
④ 이름씨
⑤ 이름씨

보기 • 추 • 측정하다 • 눈금 • 저울 • 매기다 • 용수철 • 어림하다 • 수평

 낱말 뜻 알기

□ 안에는 어떤 낱말의 첫 글자가 쓰여 있습니다. 이 첫 글자를 참고하여 □에 알맞은 말을 넣어 낱말 풀이를 완성해 보세요.

① **수평** : 기□□ 않고 평평한 상태.
② **어림하다** : 대강 짐□으로 헤□□다.
③ **추** : 저□ 한쪽에 걸거나 저울판에 올려놓는, 일정한 무□의 쇠.
④ **매기다** : 일정한 기□에 따라 사물의 값이나 등□ 따위를 정하다.
⑤ **측정하다** : 일정한 양을 기□으로 하여 같은 종□의 다른 양의 크□를 재다.

24 | 낱말은 쏙쏙! 생각은 쑥쑥!

 **낱말 친구 사총사**

다음 밑줄 친 낱말의 뜻이 다른 셋과 같지 <u>않은</u> 것은 어느 것인지 번호를 고르세요.

 ① 우리는 땅에 **눈금**을 대강 긋고 놀았어.

 ② 그 장사꾼은 저울의 **눈금**을 속인 것이 들통 나서 벌금을 물었어.

 ③ 자의 작은 **눈금**은 1밀리미터를 나타내.

 ④ 열이 얼마나 나는지 체온계의 **눈금**을 확인해 봐.

 **연상되는 낱말 찾기**

다음은 세 낱말을 보고 공통으로 연상되는 낱말을 찾는 문제입니다. 세 낱말과 관련 있는 낱말을 써 보세요.

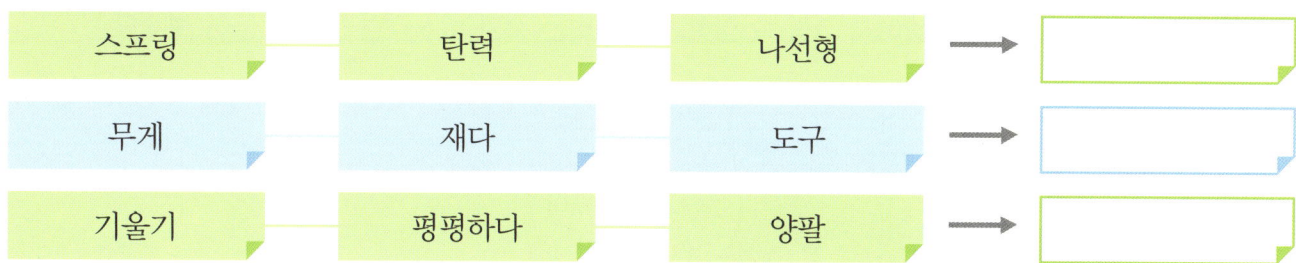

스프링	탄력	나선형	→	
무게	재다	도구	→	
기울기	평평하다	양팔	→	

 **짧은 글짓기**

주어진 낱말을 이용하여 보기 와 같은 형식으로 짧은 글을 지어 보세요.

보기 누가 + 언제 + 어디에서 + 무엇을 + 어떻게 했다

측정하다	
어림하다	
매기다	

낱말 쌈 싸 먹기

알쏭달쏭 헛갈리는 맞춤법, 띄어쓰기, 관용어, 한자어가 이제 한입에 쏙!
하루에 한 쪽씩 맛있게 냠냠 해치우자!

맞춤법
다음 문장에서 ( ) 안의 낱말 중 맞춤법이 맞는 낱말에 ○표 하세요.

민중이는 (가즈런한, 가지런한) 이를 드러내며 웃었다.

띄어쓰기
주어진 두 문장 중 하나에는 띄어쓰기가 틀린 부분이 있습니다. 둘 중 바르게 띄어쓰기를 한 문장을 찾아서 ○표 하세요.

㉮ 홍길동 전에서 기억나는 장면이 뭐니?

㉯ 홍길동전에서 기억나는 장면이 뭐니?

도움말 허균이 지은 한글 소설 제목으로 한 낱말입니다.

관용어
□ 안에 낱말을 넣어서 그림 속 상황과 어울리는 속담이나 격언 등을 만들어 보세요.

□□가 풀리다

한자어
글의 의미에 맞게 □ 안에 들어갈 알맞은 한자어를 **보기**에서 찾아 써 보세요.

우리 집은 후미진 산골에 있어서, 시내로 나가는 □□(이)가 없어 □□(을)를 하기가 힘들다.

보기 ・便紙 ・車便 ・外出 ・外國

가로·세로 낱말 만들기

 주어진 글자를 연결하여 **03**회에 공부한 낱말을 만들어 보세요.

			금				
			수		울		
					림		

정	울	금	저	수
평	림	측	어	눈

★ 도전 시간 | **2분**
★ 만들 낱말 수 | **5개**
★ 만든 낱말 수 | 개

낱말은 쏙쏙! 생각은 쑥쑥!

낱말 영역	
걸린 시간	분 초

 **그림으로 낱말 찾기**

지시선이 가리키는 그림을 보고 사물의 이름이나 행동, 상태 등에 해당하는 낱말을 **보기** 에서 찾아 ☐ 안에 쓰세요.

❶ 이름씨
❷ 이름씨
❸ 그림씨
❹ 이름씨
❺ 움직씨

보기 • 새기다 • 입장 • 붐비다 • 의아하다 • 장애인 • 도전 • 끈기 • 좌절 • 휠체어

낱말 뜻 알기

☐ 안에는 어떤 낱말의 첫 글자가 쓰여 있습니다. 이 첫 글자를 참고하여 ☐에 알맞은 말을 넣어 낱말 풀이를 완성해 보세요.

❶ **좌절** : 마음이나 기☐☐이 꺾☐.
❷ **의아하다** : 의☐스럽고 이☐하다.
❸ **새기다** : 잊지 않도록 마☐ 속에 깊이 기☐하다.
❹ **붐비다** : 좁은 공☐에 많은 사람이나 자☐☐ 따위가 들끓다.
❺ **끈기** : 쉽게 단☐하지 않고 끈☐☐☐ 견디어 나가는 기운.

다음 밑줄 친 낱말의 뜻이 다른 셋과 같지 않은 것은 어느 것인지 번호를 고르세요.

①  아빠는 가훈을 늘 마음에 **새겨** 두라고 말씀하셨어.

②  오늘 엄마가 도장을 **새겨** 주셨어.

③  나는 네가 지난 일을 잊지 않고 마음에 **새겨** 두고 있는 줄은 몰랐어.

④  우리는 선생님의 가르침을 가슴 깊이 **새겼어.**

다음은 세 낱말을 보고 공통으로 연상되는 낱말을 찾는 문제입니다. 세 낱말과 관련 있는 낱말을 써 보세요.

맞서다	어려움	신기록	→	
장애인	바퀴	의자	→	
좁다	지하철	출근 시간	→	

주어진 낱말을 이용하여 보기 와 같은 형식으로 짧은 글을 지어 보세요.

보기 누가 + 왜 + 무엇을 + 어떻게 했다

입장	
끈기	
의아하다	

낱말 쌈 싸 먹기

알쏭달쏭 헷갈리는 맞춤법, 띄어쓰기, 관용어, 한자어가 이제 한입에 쏙!
하루에 한 쪽씩 맛있게 냠냠 해치우자!

맞춤법 다음 문장에서 맞춤법이 틀린 낱말을 찾아 바르게 고쳐 써 보세요.

움직이지 말고 가만이 서 있어라.　　(　　　) → (　　　)

띄어쓰기 주어진 두 문장 중 하나에는 띄어쓰기가 틀린 부분이 있습니다. 둘 중 바르게 띄어쓰기를 한 문장을 찾아서 ○표 하세요.

㉮ 계단 위에서 **뛰어내리면** 어떡하니?　　㉯ 계단 위에서 **뛰어 내리면** 어떡하니?

도움말 '높은 데서 아래로 몸을 던져 내려오다.'라는 뜻을 가진 한 낱말입니다.

관용어 □ 안에 낱말을 넣어서 그림 속 상황과 어울리는 속담이나 격언 등을 만들어 보세요.

(진짜로 오늘은 숙제를 안 내주셨다니까요!)
(흠, 네 말은 믿을 수가 없어.)

□으로 □□를 쑨다 해도 곧이듣지 않는다

한자어 글의 의미에 맞게 □ 안에 들어갈 알맞은 사자성어를 보기에서 찾아 써 보세요.

그는 나라가 어려워지자, □□□□의 자세로 나라를 위해 희생하기로 마음먹었다.

보기　• 살신성인(殺身成仁)　• 설상가상(雪上加霜)　• 동분서주(東奔西走)

가로·세로 낱말 만들기

 주어진 글자를 연결하여 **04**회에 공부한 낱말을 만들어 보세요.

				기	절		
				비			
				장			

장	비	기	붐	좌
새	절	입	끈	다

★ 도전 시간 | 2분
★ 만들 낱말 수 | 5개
★ 만든 낱말 수 | 개

낱말은 쏙쏙! 생각은 쑥쑥!

낱말 영역 |
걸린 시간 | 분 초

 그림으로 낱말 찾기

지시선이 가리키는 그림을 보고 사물의 이름이나 행동, 상태 등에 해당하는 낱말을 보기 에서 찾아 □ 안에 쓰세요.

❶ 이름씨
❷ 이름씨
❸ 이름씨
❹ 이름씨
❺ 이름씨

보기 • 민요 • 가야금 • 추임새 • 작곡 • 흥 • 판소리 • 장단 • 타령

 낱말 뜻 알기

□ 안에는 어떤 낱말의 첫 글자가 쓰여 있습니다. 이 첫 글자를 참고하여 □에 알맞은 말을 넣어 낱말 풀이를 완성해 보세요.

❶ 흥 : 재미나 즐□□ 을 일어나게 하는 감□ .
❷ 작곡 : 음□ 작품을 창작하는 일. 또는 시나 가사에 가□ 을 붙이는 일.
❸ 판소리 : 북 장단에 맞추어 어떤 이□□ 를 창으로 부르는 한국의 전□ 예술.
❹ 추임새 : 판□□ 에서, 장단을 짚는 고□ 가 창의 사이사이에 흥을 돋□□ 위하여 넣는 소리.
❺ 가야금 : 우리나라 고유 현□□ 의 하나.

 **낱말 친구 사총사**

다음 밑줄 친 낱말의 뜻이 다른 셋과 같지 <u>않은</u> 것은 어느 것인지 번호를 고르세요.

① 나는 판소리 중에서 〈박 **타령**〉이 가장 재미있어.

② 우리 할아버지는 **타령**을 듣는 것을 좋아하셨대.

③ 양주소놀이굿은 재담과 **타령**을 중심으로 엮어진대.

④ 어제 엄마한테 공부는 안 하고 옷 **타령**만 한다고 혼났어.

 **연상되는 낱말 찾기**

다음은 세 낱말을 보고 공통으로 연상되는 낱말을 찾는 문제입니다. 세 낱말과 관련 있는 낱말을 써 보세요.

현악기	12줄	우륵	→	
춘향가	창	12마당	→	
박자	가락	자진모리	→	

 **짧은 글짓기**

주어진 낱말을 이용하여 보기와 같은 형식으로 짧은 글을 지어 보세요.

보기   누가 + 무엇을 + 어떻게 했다

민요	
추임새	
작곡	

낱말 쌈 싸 먹기

알쏭달쏭 헷갈리는 맞춤법, 띄어쓰기, 관용어, 한자어가 이제 한입에 쏙!
하루에 한 쪽씩 맛있게 냠냠 해치우자!

맞춤법
다음 문장에서 ( ) 안의 낱말 중 맞춤법이 맞는 낱말에 ○표 하세요.

우진이는 아기의 발바닥을 (간지르곤, 간질이곤) 하였다.

띄어쓰기
주어진 두 문장 중 하나에는 띄어쓰기가 틀린 부분이 있습니다. 둘 중 바르게 띄어쓰기를 한 문장을 찾아서 ○표 하세요.

❶ ㉮ **굵직굵직**한 밤들만 따로 모아 놓아라.   ㉯ **굵직 굵직**한 밤들만 따로 모아 놓아라.

도움말 '부피가 모두 크다.'라는 뜻을 가진 한 낱말입니다.

관용어
□ 안에 낱말을 넣어서 그림 속 상황과 어울리는 속담이나 격언 등을 만들어 보세요.

마파람에 □ □ 감추듯

한자어
글의 의미에 맞게 □ 안에 들어갈 알맞은 한자어를 **보기**에서 찾아 써 보세요.

□□의 물체가 지구로부터 받는 힘을 □□(이)라고 한다.

보기 · 地上   · 地下   · 重力   · 比重

공부를 시작하기 전에 가볍게 머리를 풀어 보아요!

가로·세로 낱말 만들기

 주어진 글자를 연결하여 05회에 공부한 낱말을 만들어 보세요.

				추		
				리		
				단		
				타		

| 임 | 소 | 타 | 장 | 추 |
| 령 | 단 | 새 | 판 | 리 |

★ 도전 시간 | 1분
★ 만들 낱말 수 | 4개
★ 만든 낱말 수 | 개

낱말은 쏙쏙! 생각은 쑥쑥!

낱말 영역 |
걸린 시간 | 분 초

 **그림으로 낱말 찾기**

지시선이 가리키는 그림을 보고 사물의 이름이나 행동, 상태 등에 해당하는 낱말을 보기 에서 찾아 □ 안에 쓰세요.

❶ 이름씨

❷ 그림씨

❸ 이름씨

❹ 이름씨

❺ 이름씨

보기 • 존칭 • 표준어 • 방언 • 공경 • 서운하다 • 웅변 • 안부 • 예의 • 발음

 **낱말 뜻 알기**

□ 안에는 어떤 낱말의 첫 글자가 쓰여 있습니다. 이 첫 글자를 참고하여 □에 알맞은 말을 넣어 낱말 풀이를 완성해 보세요.

❶ **발음** : 음□ 을 냄.

❷ **방언** : 어느 한 지□ 에서만 쓰는, 표□□ 가 아닌 말.

❸ **표준어** : 한 나□ 에서 공□ 로 쓰는 규범으로서의 언□.

❹ **웅변** : 조□ 가 있고 막힘이 없이 당당하게 말함. 또는 그런 말이나 연□.

❺ **안부** : 어떤 사람이 편□ 하게 잘 지내는지 그렇지 아니한지에 대한 소□. 또는 인□ 로 그것을 전하거나 묻는 일.

 **낱말 친구 사총사**

다음 밑줄 친 낱말 중 다른 셋과 거리가 먼 낱말을 말하는 친구를 고르세요.

 ① 저기 옆집 **아지매**가 지나가신다.

 ② 네 **동생**은 몇 살이니?

 ③ **아저씨**, 안녕하세요?

 ④ **할머니**께서 편찮으셔서 병원에 입원하셨어.

 **연상되는 낱말 찾기**

다음은 세 낱말을 보고 공통으로 연상되는 낱말을 찾는 문제입니다. 세 낱말과 관련 있는 낱말을 써 보세요.

지방	의사소통	사투리	→	
주장하다	연사	청중	→	
바르다	~범절	동방○○지국	→	

 **짧은 글짓기**

주어진 낱말을 이용하여 보기 와 같은 형식으로 짧은 글을 지어 보세요.

보기   누가 + 왜 + 무엇을 + 어떻게 하다

발음	
공경	
서운하다	

낱말 쌈 싸 먹기

알쏭달쏭 헷갈리는 맞춤법, 띄어쓰기, 관용어, 한자어가 이제 한입에 쏙!
하루에 한 쪽씩 맛있게 냠냠 해치우자!

맞춤법
다음 문장에서 맞춤법이 틀린 낱말을 찾아 바르게 고쳐 써 보세요.

눈가를 새끼손가락으로 각작각작 긁었다.   (   ) → (   )

띄어쓰기
주어진 두 문장 중 하나에는 띄어쓰기가 틀린 부분이 있습니다. 둘 중 바르게 띄어쓰기를 한 문장을 찾아서 ○표 하세요.

㉮ 김 부자는 품삯으로 엽전 **한 냥**을 주었다.

㉯ 김 부자는 품삯으로 엽전 **한냥**을 주었다.

도움말 수량이나 횟수를 세는 단위는 띄어 씁니다.

관용어
□ 안에 낱말을 넣어서 그림 속 상황과 어울리는 속담이나 격언 등을 만들어 보세요.

(도대체 어디 있지?)
(팽이 하나 찾으려고 방을 샅샅이 뒤지는구나.)

□ 잡듯이

한자어
글의 의미에 맞게 □ 안에 들어갈 알맞은 사자성어를 보기에서 찾아 써 보세요.

비록 시합에 졌어도 이번 일을 □□□□의 계기로 삼아 더 열심히 연습하자.

보기 • 용호상박(龍虎相搏)   • 적반하장(賊反荷杖)   • 전화위복(轉禍爲福)

가로·세로 낱말 만들기

 주어진 글자를 연결하여 06회에 공부한 낱말을 만들어 보세요.

						의	
			변	방		존	

의	웅	예	발	방
칭	음	언	존	변

★ 도전 시간 | 1분
★ 만들 낱말 수 | 5개
★ 만든 낱말 수 | 개

낱말은 쏙쏙! 생각은 쑥쑥!

낱말 영역 |
걸린 시간 | 분 초

그림으로 낱말 찾기

지시선이 가리키는 그림을 보고 사물의 이름이나 행동, 상태 등에 해당하는 낱말을 **보기**에서 찾아 □ 안에 쓰세요.

❶ 이름씨
❷ 이름씨
❸ 이름씨
❹ 이름씨
❺ 이름씨

보기 ・자원 ・산업 ・출생 ・인구 ・금융 ・교통 ・밀접하다 ・고장

낱말 뜻 알기

□ 안에는 어떤 낱말의 첫 글자가 쓰여 있습니다. 이 첫 글자를 참고하여 □에 알맞은 말을 넣어 낱말 풀이를 완성해 보세요.

❶ 출생 : 세□에 나옴.
❷ 금융 : 경□에서 필요한 돈을 공□하는 활동.
❸ 밀접하다 : 아주 가□□ 맞닿아 있다. 또는 그런 관□에 있다.
❹ 교통 : 자□□, 기차, 배, 비□□ 따위를 이용하여 사람이 오고 가거나, 짐을 실어 나르는 일.
❺ 자원 : 인간 생□ 및 경제 생산에 이용되는 원□.

 다음 밑줄 친 낱말의 뜻이 다른 셋과 같지 <u>않은</u> 것은 어느 것인지 번호를 고르세요.

①  우리 **고장**은 산 좋고 물 좋기로 유명해.

②  나는 **고장** 난 로봇 때문에 너무 속상해.

③  이 **고장** 아이들은 주로 개울에서 멱을 감아.

④  네가 사는 **고장**은 어떤 곳인지 말해 줄래?

 다음은 세 낱말을 보고 공통으로 연상되는 낱말을 찾는 문제입니다. 세 낱말과 관련 있는 낱말을 써 보세요.

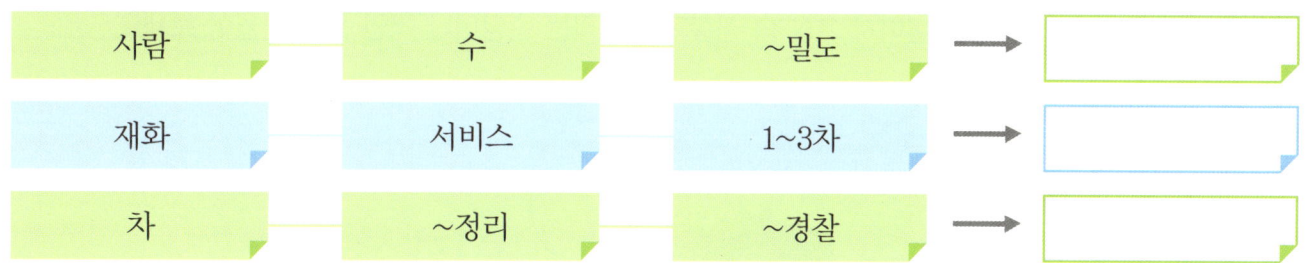

사람	수	~밀도	→	
재화	서비스	1~3차	→	
차	~정리	~경찰	→	

 주어진 낱말을 이용하여 보기 와 같은 형식으로 짧은 글을 지어 보세요.

보기 언제 + 어디에서 + 무엇이 + 어떠하다

금융	
밀접하다	
출생	

낱말 쌈 싸 먹기

알쏭달쏭 헷갈리는 맞춤법, 띄어쓰기, 관용어, 한자어가 이제 한입에 쏙!
하루에 한 쪽씩 맛있게 냠냠 해치우자!

맞춤법 다음 문장에서 ( ) 안의 낱말 중 맞춤법이 맞는 낱말에 ○표 하세요.

> 책상 위에 둔 연필이 (감쪽같이, 깜족같이) 없어졌다.

띄어쓰기 주어진 두 문장 중 하나에는 띄어쓰기가 틀린 부분이 있습니다. 둘 중 바르게 띄어쓰기를 한 문장을 찾아서 ○표 하세요.

가 저녁 때가 되었는데 엄마는 어디 가셨니?

나 저녁때가 되었는데 엄마는 어디 가셨니?

도움말 '해가 질 무렵'을 뜻하는 한 낱말입니다.

관용어 □ 안에 낱말을 넣어서 그림 속 상황과 어울리는 속담이나 격언 등을 만들어 보세요.

달면 삼키고 쓰면 □□□

한자어 글의 의미에 맞게 □ 안에 들어갈 알맞은 한자어를 **보기** 에서 찾아 써 보세요.

우리는 은행에 가서 □□(을)를 한 뒤, □□에 가서 밥을 먹기로 했다.

보기 ・黃金　・入金　・食堂　・食口

가로·세로 낱말 만들기

공부를 시작하기 전에 가볍게 머리를 풀어 보아요!

 주어진 글자를 연결하여 **07**회에 공부한 낱말을 만들어 보세요.

원
인
접

| 구 | 접 | 인 | 자 | 생 |
| 출 | 금 | 원 | 밀 | 융 |

★ 도전 시간 | 1분
★ 만들 낱말 수 | 5개
★ 만든 낱말 수 | 　개

낱말은 쏙쏙! 생각은 쑥쑥!

낱말 영역	
걸린 시간	분 초

그림으로 낱말 찾기

지시선이 가리키는 그림을 보고 사물의 이름이나 행동, 상태 등에 해당하는 낱말을 보기 에서 찾아 ☐ 안에 쓰세요.

❶ 이름씨
❷ 움직씨
❸ 이름씨
❹ 이름씨
❺ 이름씨

보기 • 태엽   • 닳다   • 펀치   • 걸쇠   • 흡수하다   • 딛다   • 단위   • 체중계

낱말 뜻 알기

☐ 안에는 어떤 낱말의 첫 글자가 쓰여 있습니다. 이 첫 글자를 참고하여 ☐에 알맞은 말을 넣어 낱말 풀이를 완성해 보세요.

❶ **흡수하다** : 빨☐서 거두어들이다.
❷ **펀치** : 종☐나 기차표, 공작물 따위에 구☐을 뚫어 표를 내는 공구.
❸ **걸쇠** : 대☐이나 방의 여닫이문을 잠그기 위하여 빗☐으로 쓰는 'ㄱ' 자 모양의 쇠.
❹ **단위** : 길☐, 무☐, 수효, 시간 따위의 수량을 수치로 나타낼 때 기초가 되는 일정한 기☐.
❺ **닳다** : 갈리거나 오래 쓰여서 어떤 물건이 낡☐지거나, 그 물건의 길이, 두☐, 크☐ 따위가 줄어들다.

 다음 밑줄 친 낱말의 뜻이 다른 셋과 같지 않은 것은 어느 것인지 번호를 고르세요.

 ① 한쪽 다리만 땅에 **딛고** 자는 새가 있대.

 ② 여긴 너무 붐벼서 발을 **딛을** 곳이 없네.

 ③ 의자를 **딛고** 서니까 훨씬 잘 보이네.

 ④ 어려움을 **딛고** 일어선 용기가 정말 존경스러워.

 다음은 세 낱말을 보고 공통으로 연상되는 낱말을 찾는 문제입니다. 세 낱말과 관련 있는 낱말을 써 보세요.

눈금	저울	몸무게	→	
감다	시계	장치	→	
수량	그램	미터	→	

 주어진 낱말을 이용하여 **보기** 와 같은 형식으로 짧은 글을 지어 보세요.

보기   누가 + 무엇을 + 어떻게 했다

닳다	
흡수하다	
단위	

낱말 쌈 싸 먹기

알쏭달쏭 헷갈리는 맞춤법, 띄어쓰기, 관용어, 한자어가 이제 한입에 쏙!
하루에 한 쪽씩 맛있게 냠냠 해치우자!

맞춤법
다음 문장에서 맞춤법이 틀린 낱말을 찾아 바르게 고쳐 써 보세요.

선생님께서 대답하기 곤난한 질문을 하셨다.　　(　　　) → (　　　)

띄어쓰기
주어진 두 문장 중 하나에는 띄어쓰기가 틀린 부분이 있습니다. 둘 중 바르게 띄어쓰기를 한 문장을 찾아서 ○표 하세요.

㉮ 우리 집은 아직 **셋방 살이**를 하고 있어.
㉯ 우리 집은 아직 **셋방살이**를 하고 있어.

도움말: '셋방을 빌려 사는 살림살이'를 뜻하는 한 낱말입니다.

관용어
□ 안에 낱말을 넣어서 그림 속 상황과 어울리는 속담이나 격언 등을 만들어 보세요.

(저리 비켜! 소파가 다 네거야?)
(아얏! 엄마한테 야단맞고 왜 나한테 화풀이야?)

종로에서 뺨 맞고
□□에서 □ 흘긴다

한자어
글의 의미에 맞게 □ 안에 들어갈 알맞은 사자성어를 보기 에서 찾아 써 보세요.

거짓말이 탄로 날 위기에 이르자, 그는 한눈에 보기에도 □□□□(이)었다.

보기 • 청산유수(靑山流水)　• 칠전팔기(七顚八起)　• 좌불안석(坐不安席)

공부를 시작하기 전에 가볍게 머리를 풀어 보아요!

가로·세로 낱말 만들기

 주어진 글자를 연결하여 08회에 공부한 낱말을 만들어 보세요.

		걸	다	수		
				태		

딘	엽	흡	치	쇠
편	수	걸	태	다

★ 도전 시간 | 1분
★ 만들 낱말 수 | 5개
★ 만든 낱말 수 | 개

낱말은 쏙쏙! 생각은 쑥쑥!

낱말 영역 |
걸린 시간 | 분 초

 **그림으로 낱말 찾기**

지시선이 가리키는 그림을 보고 사물의 이름이나 행동, 상태 등에 해당하는 낱말을 보기 에서 찾아 □ 안에 쓰세요.

❶ 움직씨
❷ 이름씨
❸ 이름씨
❹ 이름씨
❺ 이름씨

보기 • 관중 • 행성 • 횡단하다 • 이륙 • 업적 • 탐사 • 맺다 • 광년

낱말 뜻 알기 □ 안에는 어떤 낱말의 첫 글자가 쓰여 있습니다. 이 첫 글자를 참고하여 □에 알맞은 말을 넣어 낱말 풀이를 완성해 보세요.

❶ **맺다** : 관□나 인□ 따위를 이루거나 만들다.
❷ **이륙** : 비행기 따위가 날□ 위하여 땅에서 떠□□.
❸ **업적** : 어떤 사업이나 연□ 따위에서 세운 공□.
❹ **관중** : 운동 경□ 따위를 구□ 하기 위하여 모인 사람들.
❺ **횡단하다** : 대□이나 대양 따위를 동서의 방□으로 가로 건너다.

 **낱말 친구 사총사**

다음 밑줄 친 낱말의 뜻이 다른 셋과 같지 <u>않은</u> 것은 어느 것인지 번호를 고르세요.

 ❶ 오랫동안 전쟁을 하던 두 나라가 휴전 협정을 **맺었대**.

 ❷ 우리 부모님이 부부의 인연을 **맺은** 지 15년이 지났어.

 ❸ 이 나무는 열매를 **맺지** 못한대.

 ❹ 나는 아빠와 의형제를 **맺었다는** 아저씨를 만났어.

 **연상되는 낱말 찾기**

다음은 세 낱말을 보고 공통으로 연상되는 낱말을 찾는 문제입니다. 세 낱말과 관련 있는 낱말을 써 보세요.

조사하다	탐험	살피다	→	
빛	거리	우주	→	
궤도	천체	별	→	

 **짧은 글짓기**

주어진 낱말을 이용하여 보기 와 같은 형식으로 짧은 글을 지어 보세요.

보기 왜 + 누가 + 무엇을 + 어떻게 했다

관중	
횡단하다	
업적	

낱말 쌈 싸 먹기

알쏭달쏭 헷갈리는 맞춤법, 띄어쓰기, 관용어, 한자어가 이제 한입에 쏙!
하루에 한 쪽씩 맛있게 냠냠 해치우자!

맞춤법
다음 문장에서 ( ) 안의 낱말 중 맞춤법이 맞는 낱말에 ○표 하세요.

> 농부는 밭에서 고추를 (걷우었다, 거두었다)

띄어쓰기
주어진 두 문장 중 하나에는 띄어쓰기가 틀린 부분이 있습니다. 둘 중 바르게 띄어쓰기를 한 문장을 찾아서 ○표 하세요.

㉮ 팔 물건을 보기 좋게 **늘어 놓아라.**

㉯ 팔 물건을 보기 좋게 **늘어놓아라.**

도움말 '줄을 지어 벌여 놓다.'라는 뜻을 가진 한 낱말입니다.

관용어
□ 안에 낱말을 넣어서 그림 속 상황과 어울리는 속담이나 격언 등을 만들어 보세요.

□ 에 힘을 주다

한자어
글의 의미에 맞게 □ 안에 들어갈 알맞은 한자어를 **보기**에서 찾아 써 보세요.

그 배우는 □□ 인 데다가, □□ 이 좋아서 운동도 무척 잘한다.

보기 • 美男 • 美國 • 體面 • 體力

가로·세로 낱말 만들기

10

공부를 시작하기 전에 가볍게 머리를 풀어 보아요!

 주어진 글자를 연결하여 **09**회에 공부한 낱말을 만들어 보세요.

			이				
			행				
			광				
			업				

적	다	광	행	륙
년	이	성	업	맺

★ 도전 시간 | 1분
★ 만들 낱말 수 | 5개
★ 만든 낱말 수 | 개

낱말은 쏙쏙! 생각은 쑥쑥!

낱말 영역 |
걸린 시간 | 분 초

 **그림으로 낱말 찾기**

지시선이 가리키는 그림을 보고 사물의 이름이나 행동, 상태 등에 해당하는 낱말을 보기 에서 찾아 □ 안에 쓰세요.

❶ 움직씨
❷ 이름씨
❸ 이름씨
❹ 움직씨
❺ 이름씨

보기 • 윤곽선 • 연극 • 발레 • 캔버스 • 무용 • 공연하다 • 감상하다 • 조소 • 탐색하다

낱말 뜻 알기

□ 안에는 어떤 낱말의 첫 글자가 쓰여 있습니다. 이 첫 글자를 참고하여 □에 알맞은 말을 넣어 낱말 풀이를 완성해 보세요.

❶ 캔버스 : 유□를 그□ 때 쓰는 천.
❷ 윤곽선 : 사물의 테□□를 잇는 선.
❸ 감상하다 : 주로 예□ 작품을 이해하여 즐기고 평□하다.
❹ 공연하다 : 음악, 무□, 연극 따위를 많은 사□ 앞에서 보이다.
❺ 탐색하다 : 드□□□ 않은 사물이나 현□ 따위를 찾아내거나 밝히기 위하여 살피어 찾다.

 **낱말 친구 사총사**

다음 밑줄 친 낱말의 뜻이 다른 셋과 같지 <u>않은</u> 것은 어느 것인지 번호를 고르세요.

 ① 나는 전시회에 가서 **조소** 작품을 보는 게 좋아.

 ② 그 사람은 어릴 때부터 **조소**에 소질이 있어서 나중에 유명한 조각가가 됐어.

 ③ 내 동생의 **조소** 작품이 공모전에 입상했대.

 ④ 친구의 실수를 보고 그런 식으로 **조소**하는 것은 비겁해 보여.

 **연상되는 낱말 찾기**

다음은 세 낱말을 보고 공통으로 연상되는 낱말을 찾는 문제입니다. 세 낱말과 관련 있는 낱말을 써 보세요.

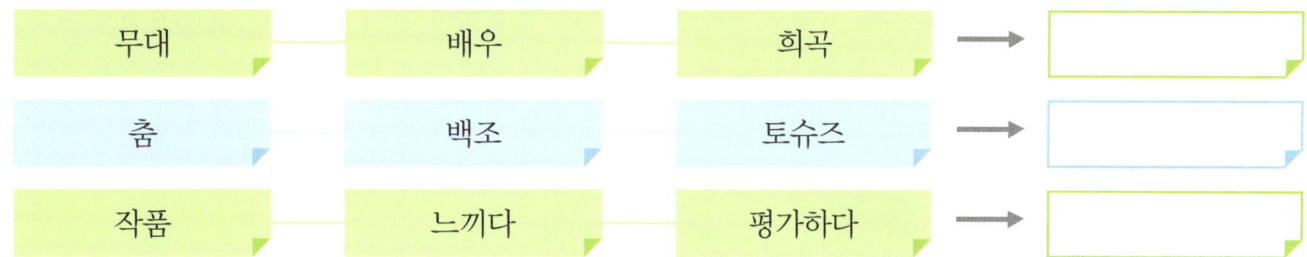

무대	배우	희곡	→	
춤	백조	토슈즈	→	
작품	느끼다	평가하다	→	

 **짧은 글짓기**

주어진 낱말을 이용하여 보기 와 같은 형식으로 짧은 글을 지어 보세요.

보기   누가 + 누구에게 + 무엇을 + 어떻게 했다

무용	
탐색하다	
캔버스	

낱말 쌈 싸 먹기

알쏭달쏭 헷갈리는 맞춤법, 띄어쓰기, 관용어, 한자어가 이제 한입에 쏙!
하루에 한 쪽씩 맛있게 냠냠 해치우자!

맞춤법
다음 문장에서 맞춤법이 틀린 낱말을 찾아 바르게 고쳐 써 보세요.

날씨가 쌀쌀해지자 겨울살이 준비를 하였다.   ( ) → ( )

띄어쓰기
주어진 두 문장 중 하나에는 띄어쓰기가 틀린 부분이 있습니다. 둘 중 바르게 띄어쓰기를 한 문장을 찾아서 ○표 하세요.

㉮ **높디높은** 건물을 한참 올려다보았다.   ㉯ **높디 높은** 건물을 한참 올려다보았다.

도움말 '더할 수 없을 정도로 높다'는 뜻을 가진 한 낱말입니다.

관용어
□ 안에 낱말을 넣어서 그림 속 상황과 어울리는 속담이나 격언 등을 만들어 보세요.

□도 먼저 □□ 놈이 낫다

한자어
글의 의미에 맞게 □ 안에 들어갈 알맞은 사자성어를 보기 에서 찾아 써 보세요.

무대에서 본 현아의 춤 실력은 단연 □□□□(으)로 돋보였다.

보기   • 군계일학(群鷄一鶴)   • 대동소이(大同小異)   • 난형난제(難兄難弟)

가로·세로 낱말 만들기

 주어진 글자를 연결하여 ⑩회에 공부한 낱말을 만들어 보세요.

						색	
			버	선		소	

곽	색	버	소	선
스	조	탐	윤	캔

★ 도전 시간 | 1분
★ 만들 낱말 수 | 4개
★ 만든 낱말 수 | 　개

낱말은 쏙쏙! 생각은 쑥쑥!

낱말 영역	
걸린 시간	분 초

지시선이 가리키는 그림을 보고 사물의 이름이나 행동, 상태 등에 해당하는 낱말을 **보기** 에서 찾아 □ 안에 쓰세요.

❶ 이름씨

❷ 움직씨

❸ 움직씨

❹ 그림씨

❺ 움직씨

보기 • 칠석 • 은하수 • 허락 • 처지 • 위로하다 • 애원하다 • 짜다 • 안타깝다

□ 안에는 어떤 낱말의 첫 글자가 쓰여 있습니다. 이 첫 글자를 참고하여 □에 알맞은 말을 넣어 낱말 풀이를 완성해 보세요.

❶ **처지** : 처하여 있는 사☐ 이나 형☐.

❷ **허락** : 청☐☐ 일을 하도록 들☐☐.

❸ **안타깝다** : 뜻대로 되지 아니하거나 보기에 딱☐☐ 가슴이 아☐ 고 답답하다.

❹ **애원하다** : 소☐ 이나 요구 따위를 들어 달라고 애처롭게 사☐ 하여 간절히 바라다.

❺ **은하수** : 길게 늘어서 있는 수많은 별의 무☐ 를 흰 강물에 비☐ 하여 이르는 말.

 다음 밑줄 친 낱말의 뜻이 다른 셋과 같지 <u>않은</u> 것은 어느 것인지 번호를 고르세요.

 ① 나는 여름 방학을 맞아 새로운 생활 계획표를 **짰어**.

 ② 엄마가 털실로 따뜻한 스웨터를 **짜** 주셨어.

 ③ 직녀는 베를 **짜는** 여자라는 뜻이래.

 ④ 강화도는 화문석을 잘 **짜는** 것으로 유명해.

 다음은 세 낱말을 보고 공통으로 연상되는 낱말을 찾는 문제입니다. 세 낱말과 관련 있는 낱말을 써 보세요.

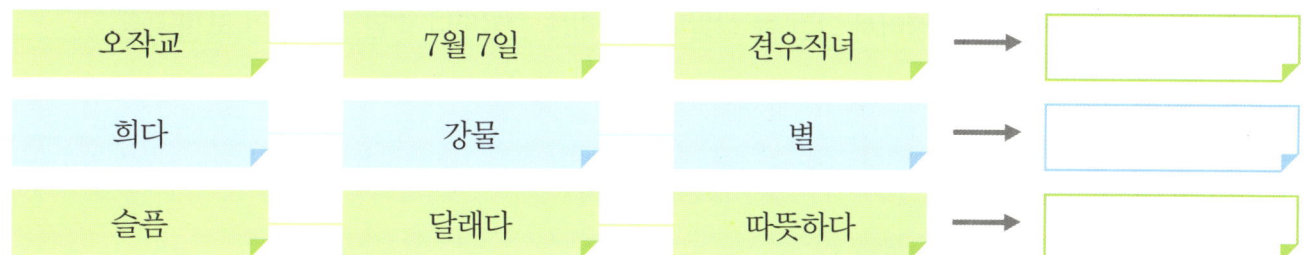

오작교	7월 7일	견우직녀	→	
희다	강물	별	→	
슬픔	달래다	따뜻하다	→	

 주어진 낱말을 이용하여 보기 와 같은 형식으로 짧은 글을 지어 보세요.

보기 누가 + 어디에서 + 누구에게 + 무엇을 + 어떻게 했다

애원하다	
안타깝다	
허락	

낱말 쌈 싸 먹기

알쏭달쏭 헷갈리는 맞춤법, 띄어쓰기, 관용어, 한자어가 이제 한입에 쏙!
하루에 한 쪽씩 맛있게 냠냠 해치우자!

맞춤법
다음 문장에서 ( ) 안의 낱말 중 맞춤법이 맞는 낱말에 ○표 하세요.

할머니는 밀가루 반죽을 홍두깨로 (넓적하게, 넙적하게) 폈다.

띄어쓰기
주어진 두 문장 중 하나에는 띄어쓰기가 틀린 부분이 있습니다. 둘 중 바르게 띄어쓰기를 한 문장을 찾아서 ○표 하세요.

㉮ 한길 사람의 속은 모른다더니…….

㉯ 한 길 사람의 속은 모른다더니…….

도움말 '길'은 '사람의 키 정도의 길이'를 뜻하는 낱말로, 길이의 단위입니다.

관용어
☐ 안에 낱말을 넣어서 그림 속 상황과 어울리는 관용구나 속담을 만들어 보세요.

닭 잡아먹고 ☐☐☐ 내놓기

한자어
글의 의미에 맞게 ☐ 안에 들어갈 알맞은 한자어를 **보기**에서 찾아 써 보세요.

할아버지는 아빠가 ☐☐(을)를 잇기 바라셨지만, 아빠는 시골에서 ☐☐(을)를 지었다.

보기 ・家具 ・家業 ・農夫 ・農事

공부를 시작하기 전에 가볍게 머리를 풀어 보아요!

가로·세로 낱말 만들기

 주어진 글자를 연결하여 **11**회에 공부한 낱말을 만들어 보세요.

			지	애		
			수			
			석			

수	애	지	석	하
칠	짜	은	원	처

★ 도전 시간 | 1분
★ 만들 낱말 수 | 4개
★ 만든 낱말 수 | 개

낱말은 쏙쏙! 생각은 쑥쑥!

낱말 영역	
걸린 시간	분 초

지시선이 가리키는 그림을 보고 사물의 이름이나 행동, 상태 등에 해당하는 낱말을 **보기** 에서 찾아 □ 안에 쓰세요.

❶ 움직씨

❷ 이름씨

❸ 이름씨

❹ 이름씨

❺ 이름씨

보기 • 지지하다 • 후보자 • 참여 • 학력 • 재생 • 공약 • 공정하다 • 선거

□ 안에는 어떤 낱말의 첫 글자가 쓰여 있습니다. 이 첫 글자를 참고하여 □에 알맞은 말을 넣어 낱말 풀이를 완성해 보세요.

❶ **학력** : 학[ ]를 다닌 경[ ].

❷ **공정하다** : 공[ ]하고 올바르다.

❸ **참여** : 어떤 일에 끼[ ]어 관[ ]함.

❹ **재생** : 낡거나 못 쓰게 된 물[ ]을 가[ ]하여 다[ ] 쓰게 함.

❺ **지지하다** : 어떤 사람이나 단[ ] 따위의 주의·정[ ]·의견 따위에 찬동하여 이를 위하여 힘을 쓰다.

 다음 밑줄 친 낱말의 뜻이 다른 셋과 같지 <u>않은</u> 것은 어느 것인지 번호를 고르세요.

 ① 이 화장지는 **재생** 화장지라 색이 하얗지가 않아.

 ② 카세트가 고장이 나서, 테이프 **재생**이 안 돼.

 ③ 엄마가 옆집에서 **재생** 비누를 얻어 오셨어.

 ④ 이 **재생** 용지는 폐신문지로 만든 거래.

 다음은 세 낱말을 보고 공통으로 연상되는 낱말을 찾는 문제입니다. 세 낱말과 관련 있는 낱말을 써 보세요.

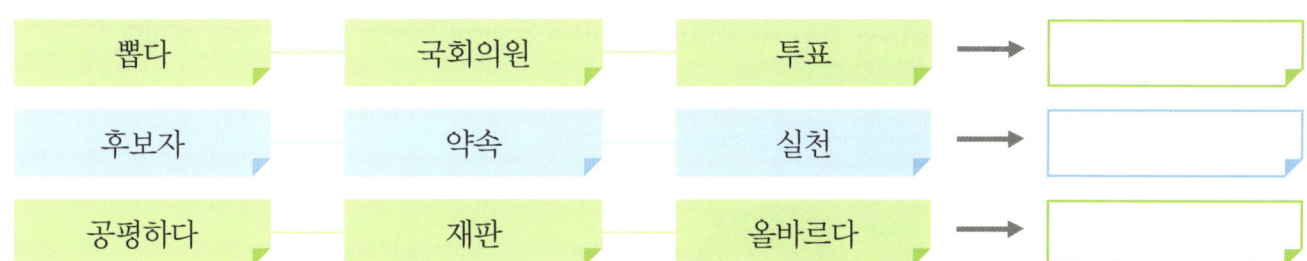

뽑다	국회의원	투표	→	
후보자	약속	실천	→	
공평하다	재판	올바르다	→	

 주어진 낱말을 이용하여 보기 와 같은 형식으로 짧은 글을 지어 보세요.

보기 누가 + 무엇을 + 어떻게 했다

참여	
후보자	
공정하다	

낱말 쌈 싸 먹기

알쏭달쏭 헷갈리는 맞춤법, 띄어쓰기, 관용어, 한자어가 이제 한입에 쏙!
하루에 한 쪽씩 맛있게 냠냠 해치우자!

맞춤법 다음 문장에서 맞춤법이 틀린 낱말을 찾아 바르게 고쳐 써 보세요.

아빠는 끼여들기를 하다가 접촉 사고를 내셨다.   (   ) → (   )

띄어쓰기 주어진 두 문장 중 하나에는 띄어쓰기가 틀린 부분이 있습니다. 둘 중 바르게 띄어쓰기를 한 문장을 찾아서 ○표 하세요.

㉮ 엄마가 올봄에 **나들이 옷**을 사 주셨어요.   ㉯ 엄마가 올봄에 **나들이옷**을 사 주셨어요.

도움말 '나들이할 때 입는 옷'을 뜻하는 한 낱말입니다.

관용어 □ 안에 낱말을 넣어서 그림 속 상황과 어울리는 속담이나 격언 등을 만들어 보세요.

아유, 귀여워!
어쩜 이렇게 예쁠까!

□에 넣어도
□□□ 않다

한자어 글의 의미에 맞게 □ 안에 들어갈 알맞은 사자성어를 **보기**에서 찾아 써 보세요.

할머니께서는 삼촌의 입학금을 구하기 위해 밤낮으로 □□□□ 하셨다.

보기 • 동고동락(同苦同樂)   • 동분서주(東奔西走)   • 수수방관(袖手傍觀)

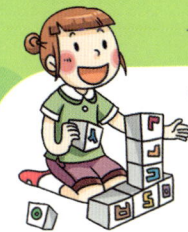

공부를 시작하기 전에 가볍게 머리를 풀어 보아요!

가로·세로 낱말 만들기

13

주어진 글자를 연결하여 12 회에 공부한 낱말을 만들어 보세요.

			보		재		
			약		력		

보	정	재	약	자
생	공	학	후	력

★ 도전 시간 | 1분

★ 만들 낱말 수 | 5개

★ 만든 낱말 수 | 개

낱말은 쏙쏙! 생각은 쑥쑥!

낱말 영역 |
걸린 시간 | 분 초

그림으로 낱말 찾기

지시선이 가리키는 그림을 보고 사물의 이름이나 행동, 상태 등에 해당하는 낱말을 **보기** 에서 찾아 □ 안에 쓰세요.

❶ 이름씨
❷ 움직씨
❸ 이름씨
❹ 이름씨
❺ 이름씨

보기 • 퇴적 • 풍화 • 경사 • 운반 • 지표 • 밑거름 • 상류 • 유실되다

낱말 뜻 알기

□ 안에는 어떤 낱말의 첫 글자가 쓰여 있습니다. 이 첫 글자를 참고하여 □에 알맞은 말을 넣어 낱말 풀이를 완성해 보세요.

❶ **지표** : 지□ 의 표면. 또는 땅의 겉□.

❷ **유실되다** : 떠□□□ 서 없어지다. 또는 그렇게 잃다.

❸ **밑거름** : 어떤 일을 이루는 데 기□ 가 되는 요□.

❹ **풍화** : 암□ 이 햇빛, 공기, 물, 생물 따위의 작용으로 점차로 파□ 되거나 분해되는 일.

❺ **퇴적** : 암□ 의 파편이나 생물의 유해가 물이나 빙하, 바□ 따위의 작용으로 운□ 되어 일정한 곳에 쌓이는 일.

 다음 밑줄 친 낱말의 뜻이 다른 셋과 같지 않은 것은 어느 것인지 번호를 고르세요.

 ① 우리는 배를 타고 강의 **상류**로 거슬러 올라가기로 했어.

 ② 이 강의 **상류**는 물살이 세기로 유명해.

 ③ 한강 **상류** 지역에서 오염이 발생했다는 보도가 있었어.

 ④ 이 책의 주인공은 개화기의 **상류** 사회 여성이야.

 다음은 세 낱말을 보고 공통으로 연상되는 낱말을 찾는 문제입니다. 세 낱말과 관련 있는 낱말을 써 보세요.

지구	땅	표면	→	
작용	암석	파괴되다	→	
완만하다	급하다	기울기	→	

 주어진 낱말을 이용하여 보기와 같은 형식으로 짧은 글을 지어 보세요.

보기 언제 + 누가 + 왜 + 무엇을 + 어떻게 했다

운반	
밑거름	
경사	

낱말 쌈 싸 먹기

알쏭달쏭 헷갈리는 맞춤법, 띄어쓰기, 관용어, 한자어가 이제 한입에 쏙!
하루에 한 쪽씩 맛있게 냠냠 해치우자!

맞춤법
다음 문장에서 ( ) 안의 낱말 중 맞춤법이 맞는 낱말에 ○표 하세요.

> 점심으로 자장면 (곱배기, 곱빼기)를 시켜 먹었다.

띄어쓰기
주어진 두 문장 중 하나에는 띄어쓰기가 틀린 부분이 있습니다. 둘 중 바르게 띄어쓰기를 한 문장을 찾아서 ○표 하세요.

㉮ 열 사람 중 **한 명 꼴**로 감기 환자이다.

㉯ 열 사람 중 **한 명꼴**로 감기 환자이다.

도움말 '꼴'은 앞말의 뜻을 더해주는 낱말로 사용되었습니다.

관용어
□ 안에 낱말을 넣어서 그림 속 상황과 어울리는 속담이나 격언 등을 만들어 보세요.

□□는 게 편

한자어
글의 의미에 맞게 □ 안에 들어갈 알맞은 한자어를 **보기**에서 찾아 써 보세요.

우리는 서로 처한 □□은 다르지만 상대를 소중하게 생각하는 것만은 □□하다.

보기 · 立場　· 市場　· 分明　· 發明

가로·세로 낱말 만들기

 주어진 글자를 연결하여 **13**회에 공부한 낱말을 만들어 보세요.

				퇴	화		
		거	실				

름	적	거	실	화
경	풍	유	밑	퇴

★ 도전 시간 | **1분**
★ 만들 낱말 수 | **4개**
★ 만든 낱말 수 | 개

낱말은 쏙쏙! 생각은 쑥쑥!

낱말 영역 |
걸린 시간 | 분   초

 **그림으로 낱말 찾기**

지시선이 가리키는 그림을 보고 사물의 이름이나 행동, 상태 등에 해당하는 낱말을 보기 에서 찾아 ☐ 안에 쓰세요.

❶ 움직씨

❷ 이름씨

❸ 이름씨

❹ 그림씨

❺ 이름씨

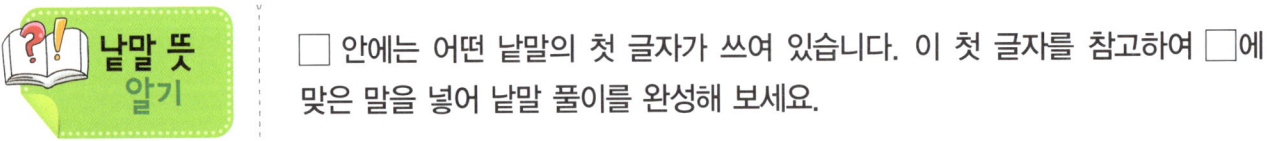

보기 • 낭비 • 자투리 • 재촉하다 • 여가 • 의젓하다 • 헛되다 • 흡족하다 • 손해 • 단련

낱말 뜻 알기

☐ 안에는 어떤 낱말의 첫 글자가 쓰여 있습니다. 이 첫 글자를 참고하여 ☐에 알맞은 말을 넣어 낱말 풀이를 완성해 보세요.

❶ **헛되다** : 아무 보☐ 이나 실☐ 이 없다.

❷ **손해** : 물질적으로나 정☐☐ 으로 밑☐.

❸ **재촉하다** : 어떤 일을 빨☐ 하도록 조☐☐.

❹ **의젓하다** : 말이나 행☐ 따위가 점잖고 무☐ 가 있다.

❺ **흡족하다** : 조금도 모☐ 이 없을 정도로 넉☐ 하여 만☐ 하다.

 다음 밑줄 친 낱말의 뜻이 다른 셋과 같지 않은 것은 어느 것인지 번호를 고르세요.

 ① 체력 **단련**에는 역시 달리기가 최고야!

 ② 선생님께서 심신을 **단련**하는 것이 가장 중요하다고 하셨어.

 ③ 쇠를 **단련**하려면 수십 번 불에 달구고 두드려야 해.

 ④ 아빠와 나는 몸을 **단련**하기 위해 산에 오르기로 했어.

 다음은 세 낱말을 보고 공통으로 연상되는 낱말을 찾는 문제입니다. 세 낱말과 관련 있는 낱말을 써 보세요.

남다	시간	~선용	→	
밑지다	~보다	잃다	→	
헤프다	쓰다	과소비	→	

 주어진 낱말을 이용하여 보기 와 같은 형식으로 짧은 글을 지어 보세요.

보기 누가 + 언제 + 어디서 + 무엇을 + 어떻게 했다

자투리	
의젓하다	
재촉하다	

낱말 쌈 싸 먹기

알쏭달쏭 헷갈리는 맞춤법, 띄어쓰기, 관용어, 한자어가 이제 한입에 쏙!
하루에 한 쪽씩 맛있게 냠냠 해치우자!

맞춤법
다음 문장에서 맞춤법이 틀린 낱말을 찾아 바르게 고쳐 써 보세요.

어느새 동녘 하늘이 밝아 왔다.   (   ) → (   )

띄어쓰기
주어진 두 문장 중 하나에는 띄어쓰기가 틀린 부분이 있습니다. 둘 중 바르게 띄어쓰기를 한 문장을 찾아서 ○표 하세요.

㉮ 겁부터 **집어먹지** 말고 용기를 내!

㉯ 겁부터 **집어 먹지** 말고 용기를 내!

도움말 '겁, 두려움 따위를 가지게 되다.'라는 뜻을 가진 한 낱말입니다.

관용어
□ 안에 낱말을 넣어서 그림 속 상황과 어울리는 관용구나 속담을 만들어 보세요.

당연히 내가 이길걸.

누가 이길지는 해 봐야 아는 법!

□□□□ 것은 대어 보아야 안다

한자어
글의 의미에 맞게 □ 안에 들어갈 알맞은 사자성어를 보기에서 찾아 써 보세요.

불쌍한 사람을 돕고자 하는 마음은 □□□□이다.

보기   • 일심동체(一心同體)   • 일언지하(一言之下)   • 인지상정(人之常情)

공부를 시작하기 전에 가볍게 머리를 풀어 보아요!

가로·세로 낱말 만들기

15

 주어진 글자를 연결하여 **14**회에 공부한 낱말을 만들어 보세요.

				재			
				단			
			족	자			

낭	련	리	촉	족
흡	자	재	단	투

★ 도전 시간 | 1분
★ 만들 낱말 수 | 4개
★ 만든 낱말 수 | 개

낱말은 쏙쏙! 생각은 쑥쑥!

낱말 영역	
걸린 시간	분 초

지시선이 가리키는 그림을 보고 사물의 이름이나 행동, 상태 등에 해당하는 낱말을 보기 에서 찾아 □ 안에 쓰세요.

❶ 이름씨

❷ 움직씨

❸ 이름씨

❹ 움직씨

❺ 이름씨

보기 • 표적 • 격파 • 집중 • 방향 • 장애물 • 양궁 • 겨누다 • 우쭐거리다

□ 안에는 어떤 낱말의 첫 글자가 쓰여 있습니다. 이 첫 글자를 참고하여 □에 알맞은 말을 넣어 낱말 풀이를 완성해 보세요.

❶ 표적 : 목[ ][ ]로 삼는 물[ ].

❷ 집중 : 한 가지 일에 모든 힘을 쏟[ ][ ][ ].

❸ 우쭐거리다 : 의[ ][ ] 하여 자꾸 뽐[ ][ ].

❹ 장애물 : 가[ ][ ]아서 거치적거리게 하는 사[ ].

❺ 격파 : 단[ ]한 물체를 손이나 발 따위로 쳐서 깨[ ][ ].

 다음 밑줄 친 낱말의 뜻이 다른 셋과 같지 않은 것은 어느 것인지 번호를 고르세요.

①  티셔츠를 입어 보지 않고 대충 내 몸에 **겨누어** 보고 샀더니 너무 헐렁해.

②  사냥꾼이 호랑이에게 총을 **겨누는** 장면에서 무척 긴장이 됐어.

③  우리나라 선수가 목표물을 향해 총을 **겨눌** 때의 표정이 정말 인상적이었어.

④  나는 표적을 **겨누면서** 활시위를 잡아당겼어.

 다음은 세 낱말을 보고 공통으로 연상되는 낱말을 찾는 문제입니다. 세 낱말과 관련 있는 낱말을 써 보세요.

활	쏘다	궁사	→	
널판지	깨뜨리다	~ 시범	→	
이쪽저쪽	헤메다	나침반	→	

 주어진 낱말을 이용하여 보기 와 같은 형식으로 짧은 글을 지어 보세요.

보기   누가 + 왜 + 무엇을 + 어떻게 했다

우쭐거리다	
장애물	
표적	

낱말 쌈 싸 먹기

알쏭달쏭 헷갈리는 맞춤법, 띄어쓰기, 관용어, 한자어가 이제 한입에 쏙!
하루에 한 쪽씩 맛있게 냠냠 해치우자!

맞춤법
다음 문장에서 ( ) 안의 낱말 중 맞춤법이 맞는 낱말에 ○표 하세요.

너는 이 일을 하기에는 나이도 너무 어리고, (더우기, 더욱이) 몸도 약해 보인다.

띄어쓰기
주어진 두 문장 중 하나에는 띄어쓰기가 틀린 부분이 있습니다. 둘 중 바르게 띄어쓰기를 한 문장을 찾아서 ○표 하세요.

㉮ **이러나저러나** 오기만 하면 좋겠다.

㉯ **이러나 저러나** 오기만 하면 좋겠다.

도움말 '이것은 이렇다 치고'라는 뜻을 가진 한 낱말입니다.

관용어
□ 안에 낱말을 넣어서 그림 속 상황과 어울리는 속담이나 격언 등을 만들어 보세요.

□ 이 넓다

한자어
글의 의미에 맞게 □ 안에 들어갈 알맞은 한자어를 보기 에서 찾아 써 보세요.

□□ 이 어떻게 생각하느냐에 따라 행복할 수도 있고 □□ 할 수도 있다.

보기 · 聖人   · 本人   · 幸運   · 不幸

가로·세로 낱말 만들기

 주어진 글자를 연결하여 15 회에 공부한 낱말을 만들어 보세요.

적	다	양	파		

누	궁	적	과	격
파	다	양	겨	표

★ 도전 시간 | 1분

★ 만들 낱말 수 | 4분

★ 만든 낱말 수 | 개

낱말은 쏙쏙! 생각은 쑥쑥!

낱말 영역 |
걸린 시간 | 분   초

 **그림으로 낱말 찾기**

지시선이 가리키는 그림을 보고 사물의 이름이나 행동, 상태 등에 해당하는 낱말을 **보기** 에서 찾아 □ 안에 쓰세요.

❶ 이름씨
❷ 이름씨
❸ 움직씨
❹ 움직씨
❺ 움직씨
❻ 이름씨

보기 • 사투리 • 속살 • 발 • 삭히다 • 몰두하다 • 동상 • 변화무쌍하다 • 학회 • 기슭 • 돋우다

낱말 뜻 알기

□ 안에는 어떤 낱말의 첫 글자가 쓰여 있습니다. 이 첫 글자를 참고하여 □에 알맞은 말을 넣어 낱말 풀이를 완성해 보세요.

❶ **속살** : 식○○의 겉○○○의 안에 있는 부분.

❷ **기슭** : 강, 바○ 등과 잇닿은 가○○○ 땅.

❸ **돋우다** : '돋다'의 사동사. 감○이나 기색 따위가 생기도록 하다.

❹ **발** : 가○○ 쪼갠 대오리나 갈○ 같은 것으로 엮어 만든 물건.

❺ **학회** : 같은 학○을 연구하는 사람들로 조직된 단○.

 **낱말 친구 사총사**

다음 밑줄 친 낱말의 뜻이 다른 셋과 같지 <u>않은</u> 것은 어느 것인지 번호를 고르세요.

 ① 나는 **동상**처럼 우두커니 서 있었다.

 ② 나는 발에 **동상**이 걸려 걸을 수가 없었다.

 ③ 광화문에서 이순신 장군의 **동상**을 보았다.

 ④ 인어공주 **동상** 주위로 많은 사람들이 몰려들었다.

 **연상되는 낱말 찾기**

다음은 세 낱말을 보고 공통으로 연상되는 낱말을 찾는 문제입니다. 세 낱말과 관련 있는 낱말을 써 보세요.

김치	홍어	식혜	→	
지방	방언	정겹다	→	
공부	게임	연구	→	

 **짧은 글짓기**

주어진 낱말을 이용하여 보기 와 같은 형식으로 짧은 글을 지어 보세요.

보기 누가 + 왜 + 무엇을 + 어떻게 했다

변화무쌍	
학회	
발	

낱말 쌈 싸 먹기

알쏭달쏭 헷갈리는 맞춤법, 띄어쓰기, 관용어, 한자어가 이제 한입에 쏙!
하루에 한 쪽씩 맛있게 냠냠 해치우자!

맞춤법
다음 문장에서 ( ) 안의 낱말 중 맞춤법이 맞는 낱말에 ○표 하세요.

> 나는 아빠 구두를 깨끗이 (닦았다, 딲았다).

띄어쓰기
주어진 두 문장 중 하나에는 띄어쓰기가 틀린 부분이 있습니다. 둘 중 바르게 띄어쓰기를 한 문장을 찾아서 ○표 하세요.

㉮ 할머니께서 김 **한 톳**을 직접 구워 주셨다.

㉯ 할머니께서 김 **한톳**을 직접 구워 주셨다.

도움말 '톳'은 김을 묶어 세는 단위입니다.

관용어
□ 안에 낱말을 넣어서 그림 속 상황과 어울리는 관용구나 속담을 만들어 보세요.

□□이 서 말이라도 꿰어야 □□

한자어
글의 의미에 맞게 □ 안에 들어갈 알맞은 한자어를 보기 에서 찾아 써 보세요.

□□(으)로 □□(을)를 하면 쉽고 빠르게 일을 마칠 수 있어.

보기 ・公同 ・公主 ・作動 ・作業

공부를 시작하기 전에 가볍게 머리를 풀어 보아요!

가로·세로 낱말 만들기

 주어진 글자를 연결하여 16회에 공부한 낱말을 만들어 보세요.

		변			쌍	두	
		기					

두	슭	변	속	화
무	살	몰	쌍	기

★ 도전 시간 | 1분
★ 만들 낱말 수 | 4개
★ 만든 낱말 수 | 　개

낱말은 쏙쏙! 생각은 쑥쑥!

낱말 영역 |
걸린 시간 | 분 초

 **그림으로 낱말 찾기**

지시선이 가리키는 그림을 보고 사물의 이름이나 행동, 상태 등에 해당하는 낱말을 **보기**에서 찾아 ☐ 안에 쓰세요.

❶ 이름씨
❷ 이름씨
❸ 이름씨
❹ 이름씨
❺ 이름씨

보기 • 아궁이 • 경대 • 잿물 • 설피 • 인력거 • 갓 • 다듬잇돌 • 봉수 • 파발 • 체증

낱말 뜻 알기

☐ 안에는 어떤 낱말의 첫 글자가 쓰여 있습니다. 이 첫 글자를 참고하여 ☐에 알맞은 말을 넣어 낱말 풀이를 완성해 보세요.

❶ **아궁이** : 방을 따뜻하게 하거나 음☐을 만들기 위해서 불을 때는 구☐.
❷ **인력거** : 사람을 태우고 앞에서 사람이 끌고 가던 수☐ 모양으로 생긴 옛날의 교☐☐☐.
❸ **봉수** : 횃불과 연☐를 이용하여 국가의 긴☐ 사태를 연락하던 옛날의 통신 제도.
❹ **파발** : 조선 시대에 중요한 문☐를 빠르게 전☐하기 위해 이용하던 통신 수단.
❺ **체증** : 교☐의 흐☐이 순조롭지 아니하여 길이 막히는 상태.

 **낱말 친구 사총사**

다음 보기 의 글에서 밑줄 친 말이 뜻하는 것을 올바르게 말하고 있는 친구는 누구인지 고르세요.

보기   삼촌은 요즘 **갓 쓰고 자전거를** 탄다.

❶  멋쟁이라는 뜻이야.

❷  제 마음대로 한다는 뜻이야.

❸  전혀 격에 어울리지 않게 차려입는다는 뜻이야.

❹  점잖게 차려입는다는 뜻이야.

 **연상되는 낱말 찾기**

다음은 세 낱말을 보고 공통으로 연상되는 낱말을 찾는 문제입니다. 세 낱말과 관련 있는 낱말을 써 보세요.

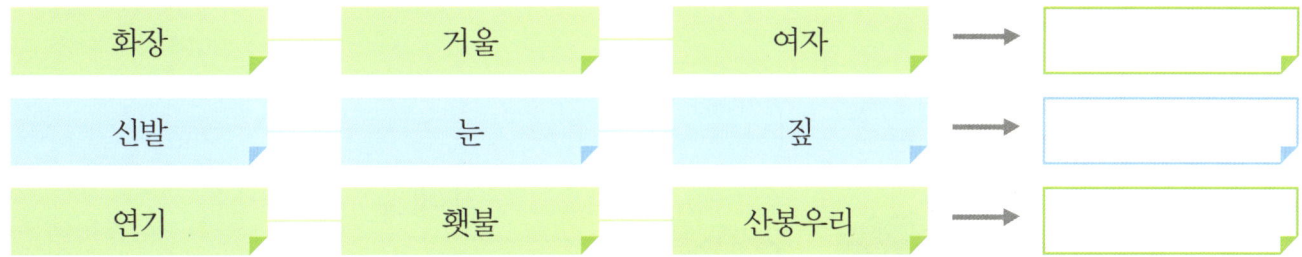

화장	거울	여자	→	
신발	눈	짚	→	
연기	횃불	산봉우리	→	

 **짧은 글짓기**

주어진 낱말을 이용하여 보기 와 같은 형식으로 짧은 글을 지어 보세요.

보기   누가 + 왜 + 무엇을 + 어떻게 했다

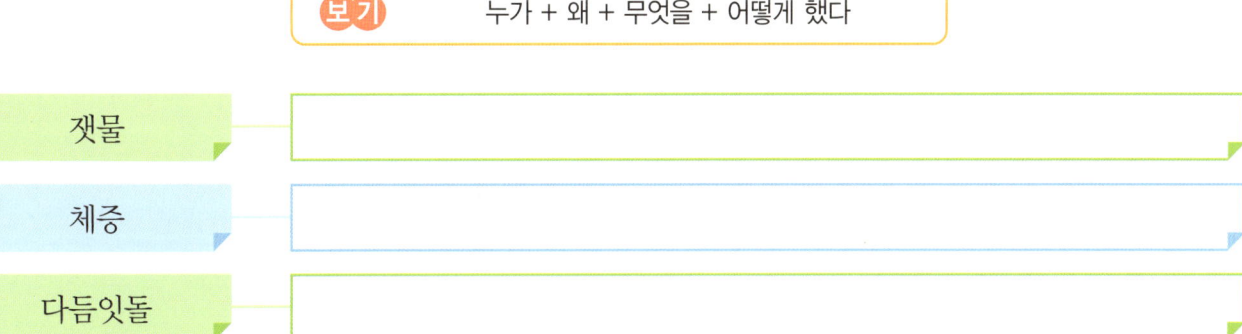

잿물	
체증	
다듬잇돌	

낱말 쌈 싸 먹기

알쏭달쏭 헛갈리는 맞춤법, 띄어쓰기, 관용어, 한자어가 이제 한입에 쏙!
하루에 한 쪽씩 맛있게 냠냠 해치우자!

맞춤법
다음 문장에서 맞춤법이 틀린 낱말을 찾아 바르게 고쳐 써 보세요.

> 선생님은 단정하고 맵씨 있는 옷차림을 하셨다.   (   ) → (   )

띄어쓰기
주어진 두 문장 중 하나에는 띄어쓰기가 틀린 부분이 있습니다. 둘 중 바르게 띄어쓰기를 한 문장을 찾아서 ◯표 하세요.

㉮ 거세게 **물결 치는** 바다가 무섭게 느껴졌다.

㉯ 거세게 **물결치는** 바다가 무섭게 느껴졌다.

도움말 '물결을 이루어 계속 움직이다.' 라는 뜻을 가진 한 낱말입니다.

관용어
☐ 안에 낱말을 넣어서 그림 속 상황과 어울리는 속담이나 격언 등을 만들어 보세요.

입에 쓴 ☐ 이
☐ 에는 좋다

한자어
글의 의미에 맞게 ☐ 안에 들어갈 알맞은 사자성어를 **보기**에서 찾아 써 보세요.

☐☐☐☐(이)라고 물을 너무 많이 준 탓에 선인장이 죽었다.

보기 • 과유불급(過猶不及)   • 조삼모사(朝三暮四)   • 적반하장(賊反荷杖)

가로·세로 낱말 만들기

18

 주어진 글자를 연결하여 **17**회에 공부한 낱말을 만들어 보세요.

				돌				
				증	파			
				설				

다	증	돌	설	듬
피	잇	발	체	파

★ 도전 시간 : 1분
★ 만들 낱말 수 : 4개
★ 만든 낱말 수 :   개

낱말은 쏙쏙! 생각은 쑥쑥!

낱말 영역	
걸린 시간	분 초

지시선이 가리키는 그림을 보고 사물의 이름이나 행동, 상태 등에 해당하는 낱말을 **보기** 에서 찾아 □ 안에 쓰세요.

❶ 이름씨
❷ 이름씨
❸ 이름씨
❹ 이름씨
❺ 이름씨

보기 • 잎자루 • 잎맥 • 초본 • 목본 • 방부제 • 예상 • 색소 • 산사태 • 턱잎 • 잎차례

□ 안에는 어떤 낱말의 첫 글자가 쓰여 있습니다. 이 첫 글자를 참고하여 □에 알맞은 말을 넣어 낱말 풀이를 완성해 보세요.

❶ **잎자루** : 잎몸을 줄□ 나 가□ 에 붙어 있게 하는 자루 모양의 꼭지.

❷ **예상** : 실험을 하기 전에 결□ 를 미루어 짐□ 하는 것.

❸ **턱잎** : 잎□ 의 아래에 나 있는 한 쌍의 작은 잎.

❹ **잎차례** : 잎이 규□ 을 가지고 줄□ 에 붙어 있는 모양.

❺ **방부제** : 미□ 이 자라는 것을 막고, 물건이 썩지 않게 하는 약□ .

 낱말 친구 사총사

다음 밑줄 친 낱말 중 다른 셋을 포함하는 큰 말에 해당하는 낱말을 고르세요.

 ① 과학 시간에 **목본** 식물을 관찰하였다.

 ② 정원에 **느티나무** 두 그루를 심었다.

 ③ 마을 한복판에 오래된 **소나무** 한 그루가 서 있었다.

 ④ **은행나무** 잎을 책의 속장에다 가지런히 꽂아 두었다.

 연상되는 낱말 찾기

다음은 세 낱말을 보고 공통으로 연상되는 낱말을 찾는 문제입니다. 세 낱말과 관련 있는 낱말을 써 보세요.

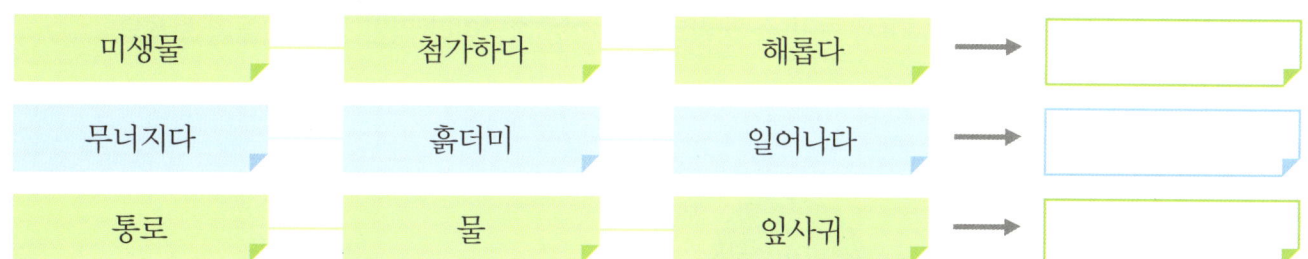

미생물	첨가하다	해롭다	→	
무너지다	흙더미	일어나다	→	
통로	물	잎사귀	→	

 짧은 글짓기

주어진 낱말을 이용하여 보기 와 같은 형식으로 짧은 글을 지어 보세요.

보기   누가 + 왜 + 무엇을 + 어떻게 했다

색소	
턱잎	
초본	

낱말 쌈 싸 먹기

알쏭달쏭 헷갈리는 맞춤법, 띄어쓰기, 관용어, 한자어가 이제 한입에 쏙!
하루에 한 쪽씩 맛있게 냠냠 해치우자!

맞춤법 다음 문장에서 ( ) 안의 낱말 중 맞춤법이 맞는 낱말에 ○표 하세요.

아빠는 (배불뚝이, 배불뚜기) 배낭을 메고 등산을 가셨다.

띄어쓰기 주어진 두 문장 중 하나에는 띄어쓰기가 틀린 부분이 있습니다. 둘 중 바르게 띄어쓰기를 한 문장을 찾아서 ○표 하세요.

㉮ **내일쯤**이면 편지가 도착할 거야. ㉯ **내일 쯤**이면 편지가 도착할 거야.

도움말 '쯤'은 앞말에 뜻을 더하는 낱말입니다.

관용어 ☐ 안에 낱말을 넣어서 그림 속 상황과 어울리는 속담이나 격언 등을 만들어 보세요.

☐☐☐ 이 길다

한자어 글의 의미에 맞게 ☐ 안에 들어갈 알맞은 한자어를 보기 에서 찾아 써 보세요.

경훈이는 ☐☐ 자신의 실력을 믿고 ☐☐ 하다가 상대방에게 지곤 한다.

보기 ・每番 ・順番 ・放心 ・心身

공부를 시작하기 전에 가볍게 머리를 풀어 보아요!

가로·세로 낱말 만들기

19

 주어진 글자를 연결하여 ⑱회에 공부한 낱말을 만들어 보세요.

			목				
			차				
		자	색				

소	레	본	색	루
잎	목	자	차	초

★ 도전 시간 | 1분

★ 만들 낱말 수 | 5개

★ 만든 낱말 수 | 　개

낱말은 쏙쏙! 생각은 쑥쑥!

낱말 영역 |
걸린 시간 | 분 초

그림으로 낱말 찾기

지시선이 가리키는 그림을 보고 사물의 이름이나 행동, 상태 등에 해당하는 낱말을 보기 에서 찾아 □ 안에 쓰세요.

❶ 이름씨
❷ 이름씨
❸ 이름씨
❹ 이름씨
❺ 이름씨

보기 · 고민 · 사정 · 신의 · 대기실 · 위반 · 후회 · 통행 · 충고 · 무단 · 피켓

낱말 뜻 알기

□ 안에는 어떤 낱말의 첫 글자가 쓰여 있습니다. 이 첫 글자를 참고하여 □에 알맞은 말을 넣어 낱말 풀이를 완성해 보세요.

❶ **신의** : 믿[ ]과 의[ ]를 아울러 이르는 말.
❷ **대기실** : 대기하는 사[ ]이 기다리도록 마[ ]된 방.
❸ **무단** : 사전에 허[ ]이 없음. 또는 아무 사[ ]가 없음.
❹ **충고** : 진심으로 남의 잘[ ]이나 결[ ]을 잘 고치도록 타이름.
❺ **후회** : 이전의 잘[ ]을 깨치고 뉘[ ][ ].

 **낱말 친구 사총사**

다음 의 글에서 밑줄 친 말이 뜻하는 것을 올바르게 말하고 있는 친구는 누구인지 고르세요.

> 보기: 선생님은 물건을 훔친 지훈이를 **사정 두지** 않고 혼냈다.

① 후회하는 일이나 고민을 들어준다는 뜻이야.

② 일의 까닭을 자세히 물어본다는 뜻이야.

③ 상대에게 옳은 일에 대해 충고한다는 뜻이야.

④ 상대방의 형편을 헤아려 생각한다는 뜻이야.

 **연상되는 낱말 찾기**

다음은 세 낱말을 보고 공통으로 연상되는 낱말을 찾는 문제입니다. 세 낱말과 관련 있는 낱말을 써 보세요.

우측	금지	일방	→	
어기다	신호	속도	→	
병원	탑승	기다리다	→	

 **짧은 글짓기**

주어진 낱말을 이용하여 보기와 같은 형식으로 짧은 글을 지어 보세요.

> 보기: 누가 + 왜 + 무엇을 + 어떻게 했다

무단	
피켓	
고민	

낱말 쌈 싸 먹기

알쏭달쏭 헷갈리는 맞춤법, 띄어쓰기, 관용어, 한자어가 이제 한입에 쏙!
하루에 한 쪽씩 맛있게 냠냠 해치우자!

맞춤법 다음 문장에서 맞춤법이 틀린 낱말을 찾아 바르게 고쳐 써 보세요.

할머니는 미다지를 열고 밖을 내다보았다.   (   ) → (   )

띄어쓰기 주어진 두 문장 중 하나에는 띄어쓰기가 틀린 부분이 있습니다. 둘 중 바르게 띄어쓰기를 한 문장을 찾아서 ○표 하세요.

㉮ 그럼 다음 단원으로 **넘어가도** 되겠지?

㉯ 그럼 다음 단원으로 **넘어 가도** 되겠지?

도움말 '다음 순서로 옮아가다'라는 뜻을 가진 한 낱말입니다.

관용어 □ 안에 낱말을 넣어서 그림 속 상황과 어울리는 속담이나 격언 등을 만들어 보세요.

굴러온 돌이 □□□ 뺀다

한자어 글의 의미에 맞게 □ 안에 들어갈 알맞은 사자성어를 **보기**에서 찾아 써 보세요.

할아버지께서는 청년이 계속 버릇없이 구는 것을 보시고 □□□□ 하셨다.

보기 • 살신성인(殺身成仁)   • 안하무인(眼下無人)   • 노발대발(怒發大發)

공부를 시작하기 전에 가볍게 머리를 풀어 보아요!

가로·세로 낱말 만들기

 주어진 글자를 연결하여 **19**회에 공부한 낱말을 만들어 보세요.

피				
신			단	
			행	

의	반	켓	단	통
행	무	신	위	피

★ 도전 시간 | 1분
★ 만들 낱말 수 | 5개
★ 만든 낱말 수 | 개

 **그림으로 낱말 찾기**

지시선이 가리키는 그림을 보고 사물의 이름이나 행동, 상태 등에 해당하는 낱말을 보기에서 찾아 □ 안에 쓰세요.

❶ 움직씨

❷ 이름씨

❸ 이름씨

❹ 이름씨

❺ 이름씨

보기 • 벼루 • 연적 • 서진 • 집자 • 붓글씨 • 합성하다 • 원작 • 동선 • 제작하다 • 동력

 **낱말 뜻 알기**

□ 안에는 어떤 낱말의 첫 글자가 쓰여 있습니다. 이 첫 글자를 참고하여 □에 알맞은 말을 넣어 낱말 풀이를 완성해 보세요.

❶ **집자** : 문□ 에서 필요한 글□ 를 찾아 모음.

❷ **붓글씨** : 붓으로 쓴 글□.

❸ **제작하다** : 재□ 를 가지고 기능과 내용을 가진 새로운 물건이나 예술 작□ 을 만들다.

❹ **동선** : 건□ 의 내, 외부에서, 사람이나 물건이 어떤 목적이나 작업을 위하여 움직이는 자취나 방□ 을 나타내는 선.

❺ **벼루** : 먹을 가는 데 쓰는 문□□. 대개 돌로 만들며 네□ 난 것과 둥근 것이 있다.

 다음 밑줄 친 낱말의 뜻이 다른 셋과 같지 <u>않은</u> 것은 어느 것인지 번호를 고르세요.

 ① 그 UFO 사진은 **합성**해서 만들어진 것이래.

 ② 개와 새를 **합성**하면 정말 웃긴 모습이 나올 거야.

 ③ 식물은 빛을 받아 광**합성** 작용을 하지.

 ④ 포토샵은 그림을 **합성**하는 등 다양한 작업을 할 수 있어.

 다음은 세 낱말을 보고 공통으로 연상되는 낱말을 찾는 문제입니다. 세 낱말과 관련 있는 낱말을 써 보세요.

음반	영화	만들다	→	
문방사우	먹	갈다	→	
풍력	수력	전력	→	

 주어진 낱말을 이용하여 보기 와 같은 형식으로 짧은 글을 지어 보세요.

보기 　누가 + 왜 + 무엇을 + 어떻게 했다

서진	
원작	
합성하다	

낱말 쌈 싸 먹기

알쏭달쏭 헷갈리는 맞춤법, 띄어쓰기, 관용어, 한자어가 이제 한입에 쏙!
하루에 한 쪽씩 맛있게 냠냠 해치우자!

맞춤법
다음 문장에서 ( ) 안의 낱말 중 맞춤법이 맞는 낱말에 ○표 하세요.

비가 올 것이라는 일기 예보를 듣고 소풍 날짜를 일주일 (댕겼다, 당겼다)

띄어쓰기
주어진 두 문장 중 하나에는 띄어쓰기가 틀린 부분이 있습니다. 둘 중 바르게 띄어쓰기를 한 문장을 찾아서 ○표 하세요.

㉮ 그는 **물샐틈 없이** 일을 진행했다.   ㉯ 그는 **물샐틈없이** 일을 진행했다.

도움말 '조금도 빈틈이 없이'를 뜻하는 한 낱말입니다.

관용어
□ 안에 낱말을 넣어서 그림 속 상황과 어울리는 관용구나 속담을 만들어 보세요.

□□ 부스럼

한자어
글의 의미에 맞게 □ 안에 들어갈 알맞은 한자어를 보기 에서 찾아 써 보세요.

을지문덕 장군은 □□(이)가 직접 작전을 지휘하겠다고 □□들에게 말했다.

보기 ・自立   ・自身   ・部下   ・部分

공부를 시작하기 전에 가볍게 머리를 풀어 보아요!

가로·세로 낱말 만들기

 주어진 글자를 연결하여 20회에 공부한 낱말을 만들어 보세요.

		자			진		
		필			루		

자	적	루	필	서
진	접	집	연	벼

★ 도전 시간 | 1분
★ 만들 낱말 수 | 5개
★ 만든 낱말 수 | 　개

낱말은 쏙쏙! 생각은 쑥쑥!

| 낱말 영역 | |
| 걸린 시간 | 분   초 |

지시선이 가리키는 그림을 보고 사물의 이름이나 행동, 상태 등에 해당하는 낱말을 보기 에서 찾아 ☐ 안에 쓰세요.

❶ 그림씨

❷ 이름씨

❸ 움직씨

❹ 이름씨

❺ 이름씨

보기 · 잇몸 · 드물다 · 유익 · 효성 · 재산 · 도저히 · 점잖다 · 체면 · 내쉬다 · 진귀하다

낱말 뜻 알기

☐ 안에는 어떤 낱말의 첫 글자가 쓰여 있습니다. 이 첫 글자를 참고하여 ☐에 알맞은 말을 넣어 낱말 풀이를 완성해 보세요.

❶ 체면 : 남을 대하기에 떳떳한 도☐ 나 얼☐.
❷ 재산 : 재화와 자☐ 을 통틀어 이르는 말. 개인, 단체, 국가가 소☐ 하는 토지, 가옥, 가구, 금전, 귀금속 따위의 금전적 가치가 있는 것을 이른다.
❸ 유익 : 이☐ 거나 도☐ 이 될 만한 것이 있음.
❹ 점잖다 : 언행이나 태☐ 가 의젓하고 신☐ 하다.
❺ 내쉬다 : 숨을 밖으로 내☐☐☐.

 다음 밑줄 친 낱말 중 다른 셋을 포함하는 큰 말에 해당하는 낱말을 고르세요.

 ❶ 할머니는 평생 모은 돈으로 **집**을 장만했어.

 ❷ 농부는 비옥한 **토지**에서 농사를 지었어.

 ❸ 어머니는 **귀금속**을 장롱 속에 간직했어.

 ❹ 놀부는 욕심을 부리다가 **재산**을 몽땅 날렸어.

 다음은 세 낱말을 보고 공통으로 연상되는 낱말을 찾는 문제입니다. 세 낱말과 관련 있는 낱말을 써 보세요.

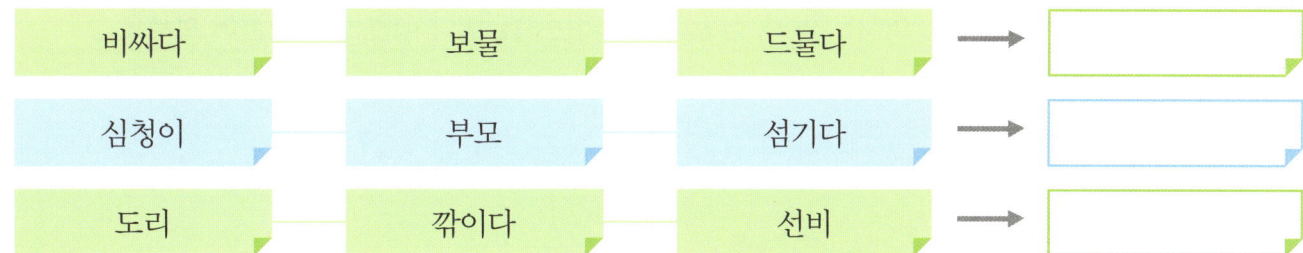

비싸다	보물	드물다	→	
심청이	부모	섬기다	→	
도리	깎이다	선비	→	

 주어진 낱말을 이용하여 보기 와 같은 형식으로 짧은 글을 지어 보세요.

보기 누가 + 왜 + 무엇을 + 어떻게 했다

유익	
드물다	
도저히	

낱말 쌈 싸 먹기

알쏭달쏭 헷갈리는 맞춤법, 띄어쓰기, 관용어, 한자어가 이제 한입에 쏙!
하루에 한 쪽씩 맛있게 냠냠 해치우자!

맞춤법 다음 문장에서 맞춤법이 틀린 낱말을 찾아 바르게 고쳐 써 보세요.

우리 집 앞마당에 벗나무 꽃이 활짝 피었다.　　(　　　) → (　　　)

띄어쓰기 주어진 두 문장 중 하나에는 띄어쓰기가 틀린 부분이 있습니다. 둘 중 바르게 띄어쓰기를 한 문장을 찾아서 ○표 하세요.

㉮ 너무 아파서 **밥커녕** 죽도 못 먹었어.　　㉯ 너무 아파서 **밥 커녕** 죽도 못 먹었어.

도움말 '커녕'은 앞말의 뜻을 더하거나 도와주는 낱말입니다.

관용어 □ 안에 낱말을 넣어서 그림 속 상황과 어울리는 속담이나 격언 등을 만들어 보세요.

□□가 높다

한자어 글의 의미에 맞게 □ 안에 들어갈 알맞은 사자성어를 **보기**에서 찾아 써 보세요.

두 사람은 겉으로는 뜻이 잘 맞는 것처럼 보이지만 속마음은 □□□□이다.

보기　• 동분서주(東奔西走)　　• 동상이몽(同床異夢)　　• 동서고금(東西古今)

가로·세로 낱말 만들기

22

공부를 시작하기 전에 가볍게 머리를 풀어 보아요!

 주어진 글자를 연결하여 **21**회에 공부한 낱말을 만들어 보세요.

		유	물		면		
					도		

저	익	드	체	히
면	물	유	도	다

- ★ 도전 시간 | **1분**
- ★ 만들 낱말 수 | **4개**
- ★ 만든 낱말 수 | **개**

 # 낱말은 쏙쏙! 생각은 쑥쑥!

낱말 영역 |
걸린 시간 | 분 초

 **그림으로 낱말 찾기**

지시선이 가리키는 그림을 보고 사물의 이름이나 행동, 상태 등에 해당하는 낱말을 **보기** 에서 찾아 □ 안에 쓰세요.

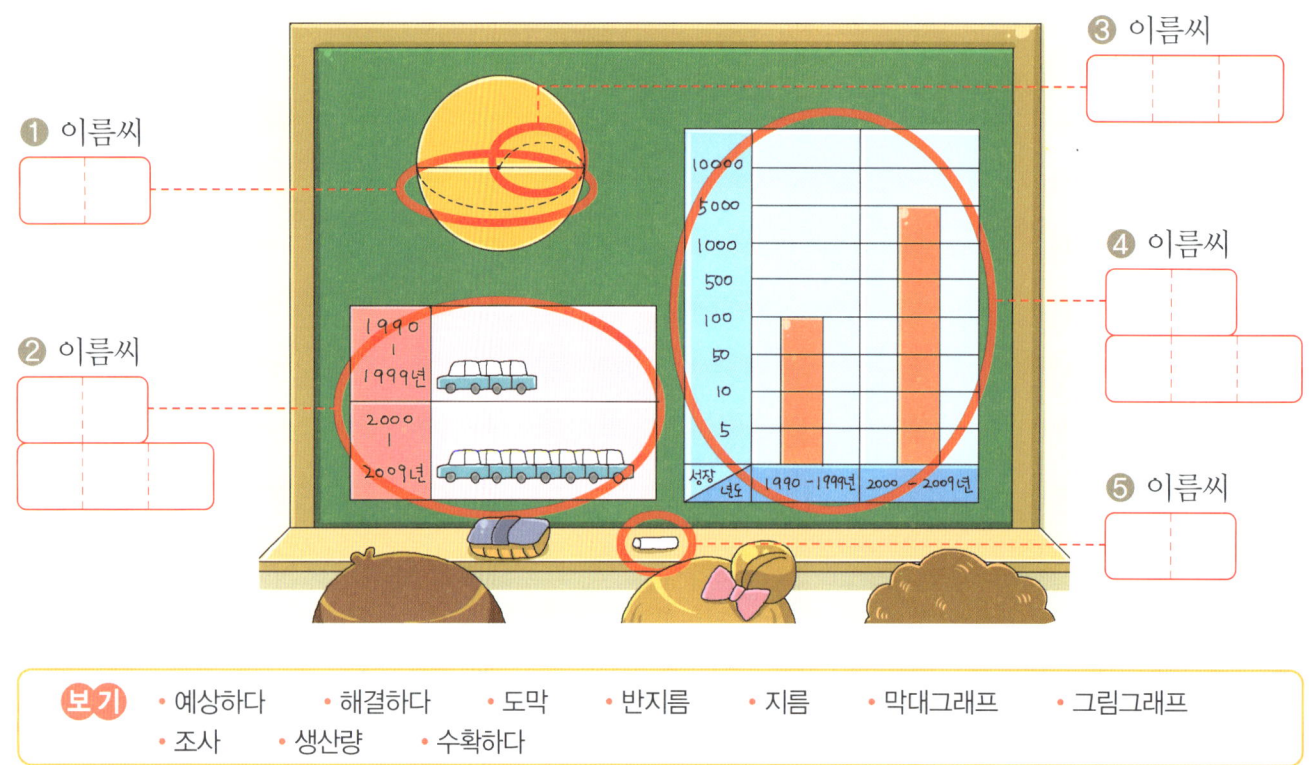

보기 • 예상하다 • 해결하다 • 도막 • 반지름 • 지름 • 막대그래프 • 그림그래프
• 조사 • 생산량 • 수확하다

 **낱말 뜻 알기**

□ 안에는 어떤 낱말의 첫 글자가 쓰여 있습니다. 이 첫 글자를 참고하여 □에 알맞은 말을 넣어 낱말 풀이를 완성해 보세요.

❶ **지름** : 원이나 구 따위에서, 중□ 을 지나는 직선으로 그 둘레 위의 두 점을 이은 선□ .

❷ **막대그래프** : 비□ 할 양이나 수치의 분포를 막대 모양의 도□ 으로 나타낸 그래프.

❸ **그림그래프** : 통계 수□ 따위를 그림으로 나타낸 그래프.

❹ **생산량** : 일정한 기□ 동안 재화가 생산되는 수□ .

❺ **조사** : 사물의 내□ 을 명확히 알기 위하여 자□ 살펴보거나 찾아봄.

 다음 밑줄 친 낱말의 뜻이 다른 셋과 같지 않은 것은 어느 것인지 번호를 고르세요.

 ① 경찰은 **조사** 결과를 발표했어.

 ② 소방관은 화재의 원인을 **조사**했어.

 ③ 영결식에서 **조사**를 들으며 펑펑 울었어.

 ④ 경훈이는 반 학생들이 가장 좋아하는 색깔을 **조사**했어.

 다음은 세 낱말을 보고 공통으로 연상되는 낱말을 찾는 문제입니다. 세 낱말과 관련 있는 낱말을 써 보세요.

농부	농작물	거두어들이다	→	
나무	생선	동강	→	
풀다	문제	처리하다	→	

 주어진 낱말을 이용하여 보기 와 같은 형식으로 짧은 글을 지어 보세요.

보기   누가 + 왜 + 무엇을 + 어떻게 했다

예상하다	
반지름	
생산량	

낱말 쌈 싸 먹기

알쏭달쏭 헷갈리는 맞춤법, 띄어쓰기, 관용어, 한자어가 이제 한입에 쏙!
하루에 한 쪽씩 맛있게 냠냠 해치우자!

맞춤법 다음 문장에서 ( ) 안의 낱말 중 맞춤법이 맞는 낱말에 ○표 하세요.

마당에서 (아지랭이, 아지랑이)가 어른어른 피어올랐다.

띄어쓰기 주어진 두 문장 중 하나에는 띄어쓰기가 틀린 부분이 있습니다. 둘 중 바르게 띄어쓰기를 한 문장을 찾아서 ○표 하세요.

㉮ **활기차게** 노는 걸 보니 마음이 놓인다.　　㉯ **활기 차게** 노는 걸 보니 마음이 놓인다.

도움말 '힘이 넘치고 생기가 가득하다.'라는 뜻을 가진 한 낱말입니다.

관용어 □ 안에 낱말을 넣어서 그림 속 상황과 어울리는 속담이나 격언 등을 만들어 보세요.

꿩 대신 □

한자어 글의 의미에 맞게 □ 안에 들어갈 알맞은 한자어를 **보기**에서 찾아 써 보세요.

우리는 아름다운 □□(을)를 보기 위해 차를 타고 □□(으)로 떠났다.

보기 • 夕陽　• 石油　• 西海　• 西洋

공부를 시작하기 전에 가볍게 머리를 풀어 보아요!

가로·세로 낱말 만들기

 주어진 글자를 연결하여 **22**회에 공부한 낱말을 만들어 보세요.

		수	
		생	
		지	
		프	

| 그 | 확 | 생 | 지 | 프 |
| 산 | 름 | 래 | 수 | 량 |

★ 도전 시간 | 1분
★ 만들 낱말 수 | 4개
★ 만든 낱말 수 | 개

낱말은 쏙쏙! 생각은 쑥쑥!

낱말 영역 |
걸린 시간 | 분 초

 그림으로 낱말 찾기

지시선이 가리키는 그림을 보고 사물의 이름이나 행동, 상태 등에 해당하는 낱말을 보기 에서 찾아 □ 안에 쓰세요.

❶ 이름씨
❷ 이름씨
❸ 이름씨
❹ 이름씨
❺ 이름씨

보기 • 풍자 • 폐백 • 초례청 • 판소리 • 상여 • 스크랩 • 부럼 • 덕담 • 탄신 • 복조리

 낱말 뜻 알기

□ 안에는 어떤 낱말의 첫 글자가 쓰여 있습니다. 이 첫 글자를 참고하여 □에 알맞은 말을 넣어 낱말 풀이를 완성해 보세요.

❶ **초례청**: 신부집 마당에 혼□를 치르기 위해 마련된 넓은 마□으로, 오늘날의 결혼식장을 말함.
❷ **판소리**: 옛날부터 전해 오는 음□의 한 종류로, 창(소리)과 말, 몸□을 섞어 이야기를 엮어 가는 민속 예술.
❸ **상여**: 옛날 장□□ 때 시신을 무□까지 옮기던 도구.
❹ **스크랩**: 신□, 잡지 등에서 필요한 부□을 오려서 모으는 것.
❺ **복조리**: 음력 정월 초하룻날 새□에 부엌이나 안방, 마□ 따위의 벽에 걸어 놓는 조리.

 다음 밑줄 친 낱말 중 다른 셋을 포함하는 큰 말에 해당하는 낱말을 고르세요.

①  수정과에 **잣**을 띄워 내었어.

②  붉은 함지박에 **은행**이 가득 담겨 있었어.

③  아버지는 **땅콩**을 안주 삼아 맥주를 마셨어.

④  정월대보름날 아침에 **부럼**을 깨물었어.

 다음은 세 낱말을 보고 공통으로 연상되는 낱말을 찾는 문제입니다. 세 낱말과 관련 있는 낱말을 써 보세요.

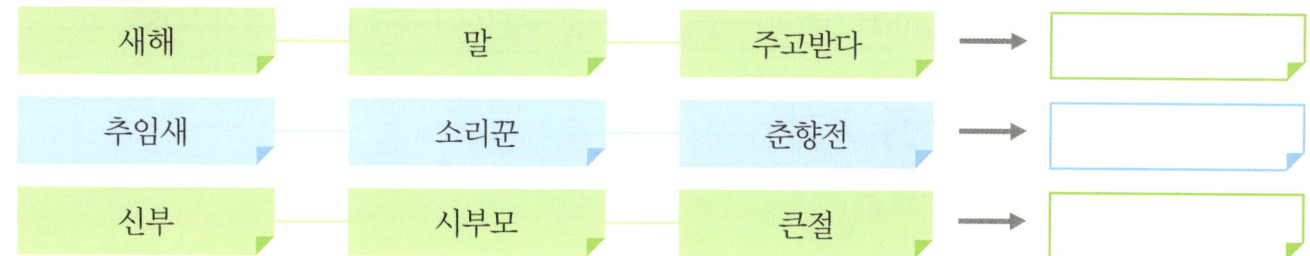

새해	말	주고받다	→	
추임새	소리꾼	춘향전	→	
신부	시부모	큰절	→	

 주어진 낱말을 이용하여 보기 와 같은 형식으로 짧은 글을 지어 보세요.

보기 누가 + 어디에서 + 무엇을 + 어떻게 했다

초례청	
풍자	
탄신	

낱말 쌈 싸 먹기

알쏭달쏭 헷갈리는 맞춤법, 띄어쓰기, 관용어, 한자어가 이제 한입에 쏙!
하루에 한 쪽씩 맛있게 냠냠 해치우자!

맞춤법 다음 문장에서 맞춤법이 틀린 낱말을 찾아 바르게 고쳐 써 보세요.

민지는 짝꿍에게 소근소근 귓속말을 하였다.   (   ) → (   )

띄어쓰기 주어진 두 문장 중 하나에는 띄어쓰기가 틀린 부분이 있습니다. 둘 중 바르게 띄어쓰기를 한 문장을 찾아서 ○표 하세요.

㉮ 백 원 짜리 동전을 돼지 저금통에 모았다.   ㉯ 백 원짜리 동전을 돼지 저금통에 모았다.

도움말 '짜리'는 앞말의 뜻을 더하는 낱말로 사용되었습니다.

관용어 □ 안에 낱말을 넣어서 그림 속 상황과 어울리는 속담이나 격언 등을 만들어 보세요.

마른하늘에 □□□

한자어 글의 의미에 맞게 □ 안에 들어갈 알맞은 사자성어를 **보기**에서 찾아 써 보세요.

대감은 아들이 잡혀갔다는 말을 듣고, 도대체 어찌된 일이냐며 □□□□을 물었다.

보기 • 자업자득(自業自得)   • 어불성설(語不成說)   • 자초지종(自初至終)

가로·세로 낱말 만들기

24

 주어진 글자를 연결하여 **23** 회에 공부한 낱말을 만들어 보세요.

		초				
		상				
		담	백			

상	초	탄	청	덕
백	담	여	폐	레

★ 도전 시간 | 1분
★ 만들 낱말 수 | 4개
★ 만든 낱말 수 | 개

낱말은 쏙쏙! 생각은 쑥쑥!

낱말 영역	
걸린 시간	분 초

지시선이 가리키는 그림을 보고 사물의 이름이나 행동, 상태 등에 해당하는 낱말을 보기 에서 찾아 ☐ 안에 쓰세요.

❶ 이름씨

❷ 이름씨

❸ 이름씨

❹ 이름씨

❺ 이름씨

보기 • 용매 • 용질 • 용해도 • 투명 • 분자 • 막자 • 각설탕 • 약포지 • 약숟가락 • 용액

☐ 안에는 어떤 낱말의 첫 글자가 쓰여 있습니다. 이 첫 글자를 참고하여 ☐에 알맞은 말을 넣어 낱말 풀이를 완성해 보세요.

❶ **용매** : 어떤 액체에 물[ ]을 녹여서 용[ ]을 만들 때 그 액체를 가리키는 말.

❷ **용질** : 용액에 녹아 있는 물[ ]. 액체에 다른 액체가 녹아 있을 때에는 양이 적은 쪽을 가리킨다.

❸ **분자** : 어떤 물질의 성[ ]을 가지고 있는 가장 작은 알[ ][ ]를 말하며, 분자는 눈에 보이지 않을 정도로 작음.

❹ **막자** : 덩어리를 잘게 부수어 가[ ]로 만드는 데 쓰는, 유리나 사기로 만든 작은 방[ ][ ].

❺ **약포지** : 약을 싸는 종[ ].

 다음 밑줄 친 낱말의 뜻이 다른 셋과 같지 않은 것은 어느 것인지 번호를 고르세요.

 ① 차고 **투명**한 샘물이 있어.

 ② 유리가 너무 **투명**해서 하마터면 부딪칠 뻔했어.

 ③ 경찰의 사건 처리 방식은 **투명**했어.

 ④ 물에 설탕을 넣고 저었더니 아무것도 없는 것처럼 **투명**했어.

 다음은 세 낱말을 보고 공통으로 연상되는 낱말을 찾는 문제입니다. 세 낱말과 관련 있는 낱말을 써 보세요.

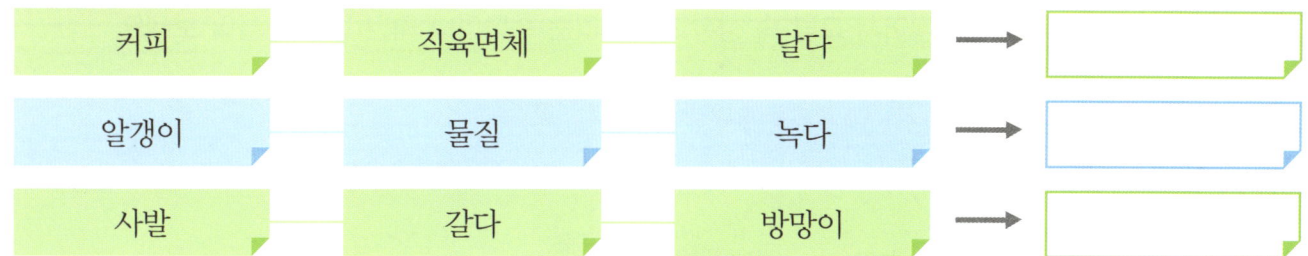

커피	직육면체	달다	→	
알갱이	물질	녹다	→	
사발	갈다	방망이	→	

 주어진 낱말을 이용하여 보기 와 같은 형식으로 짧은 글을 지어 보세요.

| 보기 | 누가 + 언제 + 무엇을 + 어떻게 했다 |

약숟가락	
분자	
용매	

낱말 쌈 싸 먹기

알쏭달쏭 헷갈리는 맞춤법, 띄어쓰기, 관용어, 한자어가 이제 한입에 쏙!
하루에 한 쪽씩 맛있게 냠냠 해치우자!

맞춤법 다음 문장에서 ( ) 안의 낱말 중 맞춤법이 맞는 낱말에 ○표 하세요.

아이들은 하루 종일 풀밭에서 (딩굴며, 뒹굴며) 놀았다.

띄어쓰기 주어진 두 문장 중 하나에는 띄어쓰기가 틀린 부분이 있습니다. 둘 중 바르게 띄어쓰기를 한 문장을 찾아서 ○표 하세요.

㉮ 추위가 뼛속까지 **파고 들었습니다**.   ㉯ 추위가 뼛속까지 **파고들었습니다**.

도움말 '깊이 스며들다.'라는 뜻을 가진 한 낱말입니다.

관용어 □ 안에 낱말을 넣어서 그림 속 상황과 어울리는 속담이나 격언 등을 만들어 보세요.

□가 얇다

한자어 글의 의미에 맞게 □ 안에 들어갈 알맞은 한자어를 보기에서 찾아 써 보세요.

그 소설은 □□들에게 큰 □□과 위안을 준다.

보기 ・讀者   ・讀書   ・運動   ・感動

가로·세로 낱말 만들기

25

공부를 시작하기 전에 가볍게 머리를 풀어 보아요!

 주어진 글자를 연결하여 **24**회에 공부한 낱말을 만들어 보세요.

		투					
		약					
		자	질				

자	질	지	투	포
명	약	매	용	막

★ 도전 시간 | 1분
★ 만들 낱말 수 | 5개
★ 만든 낱말 수 | 개

낱말은 쏙쏙! 생각은 쑥쑥!

낱말 영역 |
걸린 시간 | 분 초

지시선이 가리키는 그림을 보고 사물의 이름이나 행동, 상태 등에 해당하는 낱말을 보기 에서 찾아 □ 안에 쓰세요.

❶ 이름씨 | 붕 | 대

❷ 이름씨

❸ 이름씨

❹ 이름씨

❺ 이름씨

보기 • 후손 • 오염 • 보전 • 수거 • 탄압 • 방류 • 방사능 • 동참 • 압박 • 참배

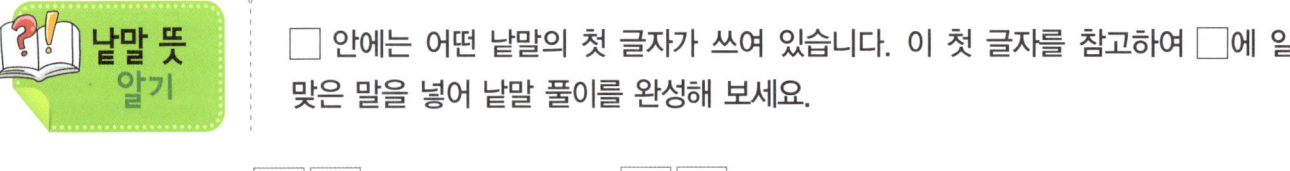

□ 안에는 어떤 낱말의 첫 글자가 쓰여 있습니다. 이 첫 글자를 참고하여 □에 알맞은 말을 넣어 낱말 풀이를 완성해 보세요.

❶ **탄압** : 권력이나 무□ 따위로 억지로 눌러 꼼□ 못하게 함.
❷ **방류** : 모아서 가두어 둔 물을 흘□□□.
❸ **참배** : 무덤이나 기□□ 앞에서 존□의 뜻이나 추모의 뜻을 나타내는 것.
❹ **후손** : 자신의 세□에서 여러 세□가 지난 뒤의 자□를 통틀어 이르는 말.
❺ **보전** : 온전하게 보□하여 유□함.

 다음 밑줄 친 낱말의 뜻이 다른 셋과 같지 <u>않은</u> 것은 어느 것인지 번호를 고르세요.

①  **방류**했던 연어가 다시 되돌아왔어.

②  수문을 열고 물을 계곡으로 **방류**했어.

③  폐수를 **방류**해서 강물이 오염되었어.

④  저수지의 물은 하루 두 차례씩 하천으로 **방류**되었어.

 다음은 세 낱말을 보고 공통으로 연상되는 낱말을 찾는 문제입니다. 세 낱말과 관련 있는 낱말을 써 보세요.

 주어진 낱말을 이용하여 보기와 같은 형식으로 짧은 글을 지어 보세요.

보기   누가 + 왜 + 무엇을 + 어떻게 했다

낱말 쌈 싸 먹기

알쏭달쏭 헷갈리는 맞춤법, 띄어쓰기, 관용어, 한자어가 이제 한입에 쏙!
하루에 한 쪽씩 맛있게 냠냠 해치우자!

맞춤법 다음 문장에서 맞춤법이 틀린 낱말을 찾아 바르게 고쳐 써 보세요.

어머니는 바늘과 실을 반질고리에 넣었다. (　　　　　) → (　　　　　)

띄어쓰기 주어진 두 문장 중 하나에는 띄어쓰기가 틀린 부분이 있습니다. 둘 중 바르게 띄어쓰기를 한 문장을 찾아서 ○표 하세요.

㉮ **스스럼없는** 그의 태도에 조금 당황했다.

㉯ **스스럼 없는** 그의 태도에 조금 당황했다.

도움말 '부끄러운 마음이 없다.'라는 뜻을 가진 한 낱말입니다.

관용어 □ 안에 낱말을 넣어서 그림 속 상황과 어울리는 속담이나 격언 등을 만들어 보세요.

못 먹는 감 □□□ 본다

한자어 글의 의미에 맞게 □ 안에 들어갈 알맞은 사자성어를 보기 에서 찾아 써 보세요.

정현이와 태원이의 대결은 말 그대로 □□□□ 이어서, 누가 이길지 알 수 없었다.

보기 • 용호상박(龍虎相搏)　• 화룡점정(畵龍點睛)　• 백전백승(百戰百勝)

가로·세로 낱말 만들기

26

 주어진 글자를 연결하여 25회에 공부한 낱말을 만들어 보세요.

			참	수	박	사	

사	참	방	탄	수
박	압	거	배	능

★ 도전 시간 | 1분
★ 만들 낱말 수 | 5개
★ 만든 낱말 수 | 개

낱말은 쏙쏙! 생각은 쑥쑥!

낱말 영역 |
걸린 시간 | 분   초

 **그림으로 낱말 찾기**

지시선이 가리키는 그림을 보고 사물의 이름이나 행동, 상태 등에 해당하는 낱말을 **보기** 에서 찾아 □ 안에 쓰세요.

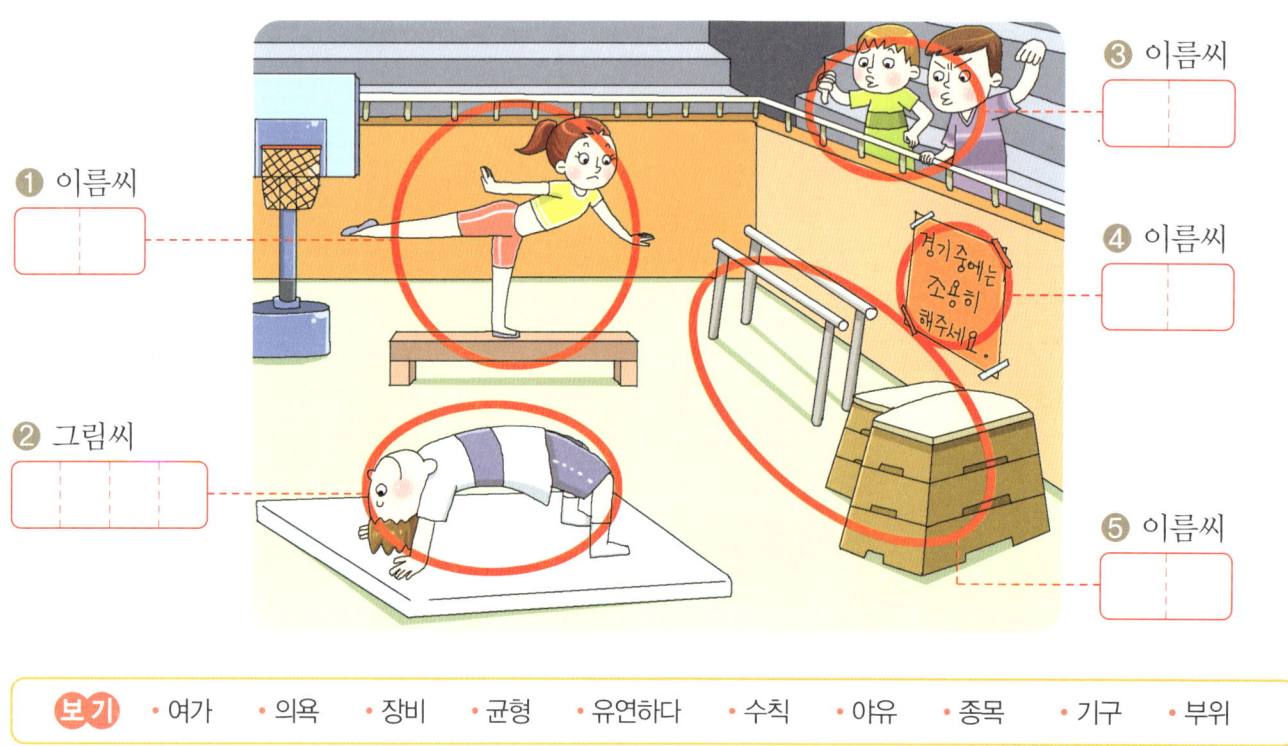

❶ 이름씨
❷ 그림씨
❸ 이름씨
❹ 이름씨
❺ 이름씨

보기 • 여가 • 의욕 • 장비 • 균형 • 유연하다 • 수칙 • 야유 • 종목 • 기구 • 부위

낱말 뜻 알기

□ 안에는 어떤 낱말의 첫 글자가 쓰여 있습니다. 이 첫 글자를 참고하여 □에 알맞은 말을 넣어 낱말 풀이를 완성해 보세요.

❶ **종목** : 여러 가지 종[ ]에 따라 나눈 항[ ].
❷ **야유** : 남을 빈정거려 놀[ ]. 또는 그런 말이나 몸[ ].
❸ **의욕** : 무엇을 하고자 하는 적[ ]적인 마[ ]이나 욕망.
❹ **수칙** : 행[ ]이나 절차에 관하여 지켜야 할 사항을 정한 규[ ].
❺ **부위** : 전[ ]에 대하여 어떤 특정한 부분이 차지하는 위[ ].

 **낱말 친구 사총사**

다음 밑줄 친 낱말 중 다른 셋을 포함하는 큰 말에 해당하는 낱말을 고르세요.

①  **빗자루**를 쓰고 나면 제자리에 넣어 두어야 해.

②  오래된 **냄비**들을 닦았더니 반질반질 윤이 났어.

③  여러 가지 **기구**를 가지고 음악에 맞춰 움직였어.

④  못을 박기 위해 **망치**를 가지고 왔어.

 **연상되는 낱말 찾기**

다음은 세 낱말을 보고 공통으로 연상되는 낱말을 찾는 문제입니다. 세 낱말과 관련 있는 낱말을 써 보세요.

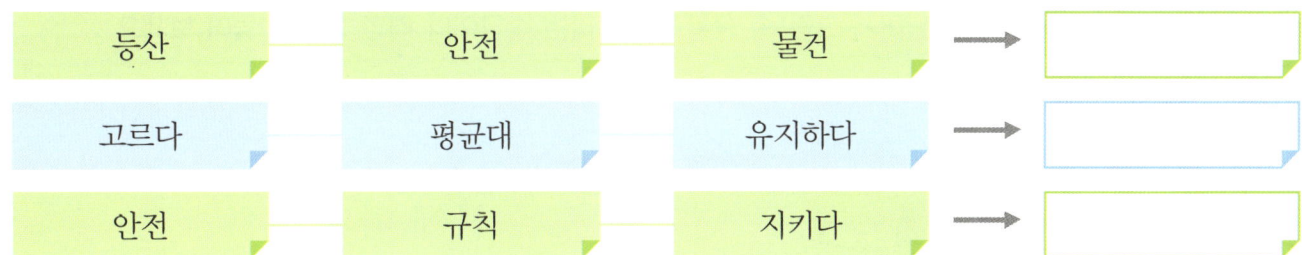

등산	안전	물건	→	
고르다	평균대	유지하다	→	
안전	규칙	지키다	→	

 **짧은 글짓기**

주어진 낱말을 이용하여 보기 와 같은 형식으로 짧은 글을 지어 보세요.

> **보기** 누가 + 왜 + 무엇을 + 어떻게 했다

여가	
유연	
의욕	

낱말 쌈 싸 먹기

알쏭달쏭 헛갈리는 맞춤법, 띄어쓰기, 관용어, 한자어가 이제 한입에 쏙!
하루에 한 쪽씩 맛있게 냠냠 해치우자!

맞춤법
다음 문장에서 ( ) 안의 낱말 중 맞춤법이 맞는 낱말에 ○표 하세요.

농부는 (뙤약볕, 뛰약볕) 아래서 땀을 흘리며 일했다.

띄어쓰기
주어진 두 문장 중 하나에는 띄어쓰기가 틀린 부분이 있습니다. 둘 중 바르게 띄어쓰기를 한 문장을 찾아서 ○표 하세요.

㉮ 미리 북어 **한 쾌**를 사서 손질해 놓았다.

㉯ 미리 북어 **한쾌**를 사서 손질해 놓았다.

도움말 '쾌'는 수량을 세는 단위입니다.

관용어
□ 안에 낱말을 넣어서 그림 속 상황과 어울리는 속담이나 격언 등을 만들어 보세요.

물에 빠지면 □□□□라도 잡는다

한자어
글의 의미에 맞게 □ 안에 들어갈 알맞은 한자어를 보기 에서 찾아 써 보세요.

우리나라 선수가 □□(을)를 차지하자, 온 국민이 한마음으로 응원 □□(을)를 외쳤다.

보기 • 選手   • 先頭   • 入口   • 口號

가로·세로 낱말 만들기

 주어진 글자를 연결하여 **26**회에 공부한 낱말을 만들어 보세요.

	수	여		부			
				유			

가	위	유	척	욕
야	의	수	부	여

★ 도전 시간 | **1분**

★ 만들 낱말 수 | **5개**

★ 만든 낱말 수 | 개

낱말은 쏙쏙! 생각은 쑥쑥!

낱말 영역 |
걸린 시간 | 분 초

지시선이 가리키는 그림을 보고 사물의 이름이나 행동, 상태 등에 해당하는 낱말을 **보기**에서 찾아 □ 안에 쓰세요.

❶ 이름씨
❷ 움직씨
❸ 움직씨
❹ 움직씨
❺ 어찌씨

(말풍선: 자식 □□도 못했는데……)

보기 • 노릇 • 갑갑하다 • 우두커니 • 내젓다 • 재촉 • 미어지다 • 설치다 • 거스르다
• 달래다 • 흔적

□ 안에는 어떤 낱말의 첫 글자가 쓰여 있습니다. 이 첫 글자를 참고하여 □에 알맞은 말을 넣어 낱말 풀이를 완성해 보세요.

❶ **우두커니** : 넋이 나간 듯이 [가][ ] 서 있거나 앉아 있는 [모][ ].
❷ **내젓다** : 손이나 손에 든 [물][ ] 따위를 앞이나 밖으로 내어 [휘][ ][ ][ ].
❸ **거스르다** : 남의 [마][ ]을 언짢게 하거나 [기][ ]을 상하게 하다.
❹ **갑갑하다** : 좁고 닫힌 [공][ ] 속에 있어 꽉 막힌 [느][ ]이 있다.
❺ **미어지다** : [가][ ]이 찢어지는 듯이 심한 고통이나 [슬][ ]을 느낀다.

 **낱말 친구 사총사**

다음 의 글에서 밑줄 친 말이 뜻하는 것을 올바르게 말하고 있는 친구는 누구인지 고르세요.

> **보기** 그녀는 고생만 하시다가 돌아가신 어머니를 생각하면 **가슴이 미어졌다**.

①  가슴이 몹시 세차게 두근거린다는 뜻이야.

②  자극을 받아 마음이 깜짝 놀랐다는 뜻이야.

③  상대편에게 모진 마음을 먹었다는 뜻이야.

④  마음이 슬픔이나 고통으로 가득 차 견디기 힘들다는 뜻이야.

 **연상되는 낱말 찾기**

다음은 세 낱말을 보고 공통으로 연상되는 낱말을 찾는 문제입니다. 세 낱말과 관련 있는 낱말을 써 보세요.

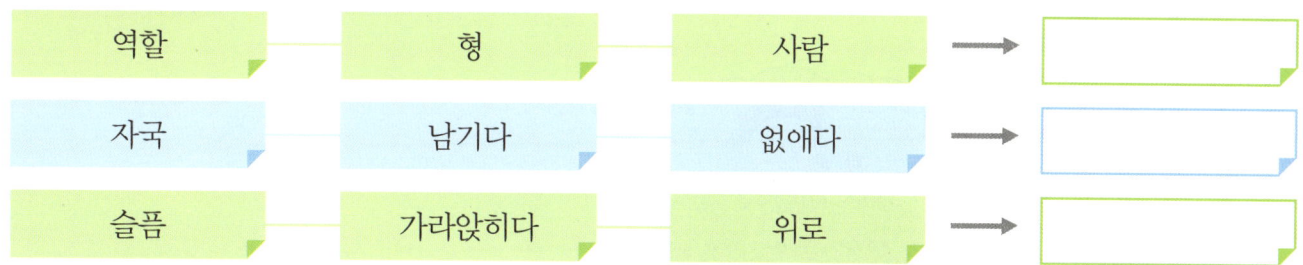

 **짧은 글짓기**

주어진 낱말을 이용하여 보기와 같은 형식으로 짧은 글을 지어 보세요.

> **보기** 누가 + 언제 + 왜 + 무엇을 + 어떻게 했다

갑갑하다	
설치다	
재촉	

낱말 쌈 싸 먹기

알쏭달쏭 헷갈리는 맞춤법, 띄어쓰기, 관용어, 한자어가 이제 한입에 쏙!
하루에 한 쪽씩 맛있게 냠냠 해치우자!

맞춤법 다음 문장에서 맞춤법이 틀린 낱말을 찾아 바르게 고쳐 써 보세요.

아버지는 어머니의 손을 덥썩 움켜잡았다.   (　　　　) → (　　　　)

띄어쓰기 주어진 두 문장 중 하나에는 띄어쓰기가 틀린 부분이 있습니다. 둘 중 바르게 띄어쓰기를 한 문장을 찾아서 ○표 하세요.

㉮ 나는 지금이 **더할나위** 없이 좋아.

㉯ 나는 지금이 **더할 나위** 없이 좋아.

도움말 '더할'은 '나위'를 꾸며 주는 낱말입니다.

관용어 □ 안에 낱말을 넣어서 그림 속 상황과 어울리는 속담이나 격언 등을 만들어 보세요.

□에 밟히다

한자어 글의 의미에 맞게 □ 안에 들어갈 알맞은 사자성어를 **보기**에서 찾아 써 보세요.

일을 안 해도 먹고살 수 있는 곳이 있다면 거기야말로 □□□□일 것이다.

보기 · 심산유곡(深山幽谷)　· 무릉도원(武陵桃源)　· 금수강산(錦繡江山)

가로·세로 낱말 만들기

 주어진 글자를 연결하여 **27** 회에 공부한 낱말을 만들어 보세요.

			치				
			우				

치	두	달	우	흔
니	다	설	래	커

★ 도전 시간 | **1분**

★ 만들 낱말 수 | **3개**

★ 만든 낱말 수 | 개

 **그림으로 낱말 찾기**

지시선이 가리키는 그림을 보고 사물의 이름이나 행동, 상태 등에 해당하는 낱말을 보기 에서 찾아 □ 안에 쓰세요.

❶ 이름씨
❷ 이름씨
❸ 이름씨
❹ 이름씨
❺ 이름씨

보기 ・공무원 ・증명 ・동호회 ・순례 ・민원 ・단속 ・종량제 ・방범대 ・부녀회 ・행정

 **낱말 뜻 알기**

□ 안에는 어떤 낱말의 첫 글자가 쓰여 있습니다. 이 첫 글자를 참고하여 □에 알맞은 말을 넣어 낱말 풀이를 완성해 보세요.

❶ **순례** : 중요한 장□를 차례로 찾아다니며 경건한 자□로 둘러보는 것.
❷ **행정** : 국가 기□에서 법에 따라 행하는 일.
❸ **부녀회** : 주□들이 모여 사회 활동, 봉사 활동, 취□ 활동 등을 하는 단체.
❹ **방범대** : 도둑질, 강□ 따위의 범□를 막기 위하여 조직된 단체.
❺ **종량제** : 물품의 무□나 길이, 용량에 따라 세금이나 이용 요□을 매기는 제도.

 **낱말 친구 사총사**

다음 밑줄 친 낱말 중 다른 셋을 포함하는 큰 말에 해당하는 낱말을 고르세요.

①  강도가 **경찰**에게 체포되었어.

②  **검사**는 증인에게 질문을 던졌어.

③  우리 삼촌은 시청 **공무원**으로 일하고 있어.

④  화재 신고를 받고 출동한 **소방관**들이 불을 끄기 시작하였어.

 **연상되는 낱말 찾기**

다음은 세 낱말을 보고 공통으로 연상되는 낱말을 찾는 문제입니다. 세 낱말과 관련 있는 낱말을 써 보세요.

경찰관	걸리다	속도위반	→	
쓰레기	봉투	용량	→	
취미	모임	인라인스케이트	→	

 **짧은 글짓기**

주어진 낱말을 이용하여 보기 와 같은 형식으로 짧은 글을 지어 보세요.

보기   누가 + 왜 + 무엇을 + 어떻게 했다

증명	
민원	
방범대	

낱말 쌈 싸 먹기

알쏭달쏭 헷갈리는 맞춤법, 띄어쓰기, 관용어, 한자어가 이제 한입에 쏙!
하루에 한 쪽씩 맛있게 냠냠 해치우자!

맞춤법 다음 문장에서 ( ) 안의 낱말 중 맞춤법이 맞는 낱말에 ○표 하세요.

엄마가 끓여 주신 된장찌개가 (짤잘했다, 짭짤했다).

띄어쓰기 주어진 두 문장 중 하나에는 띄어쓰기가 틀린 부분이 있습니다. 둘 중 바르게 띄어쓰기를 한 문장을 찾아서 ○표 하세요.

㉮ 장 속에 **오만 가지** 물건을 넣어 놓았구나.

㉯ 장 속에 **오만가지** 물건을 넣어 놓았구나.

도움말 '오만'은 '가지'를 꾸며주는 낱말입니다.

관용어 □ 안에 낱말을 넣어서 그림 속 상황과 어울리는 속담이나 격언 등을 만들어 보세요.

빈 □□ 가 더 요란하다

한자어 글의 의미에 맞게 □ 안에 들어갈 알맞은 한자어를 보기에서 찾아 써 보세요.

선생은 자신의 판단을 굳게 믿었기 때문에 □□ 에 □□ (을)를 굽히지 않았다.

보기 · 萬事 · 萬歲 · 所重 · 所信

가로·세로 낱말 만들기

 주어진 글자를 연결하여 **28**회에 공부한 낱말을 만들어 보세요.

				회			
				순			
				종			

회	종	순	부	량
제	단	녀	속	례

★ 도전 시간 | **1분**
★ 만들 낱말 수 | **4개**
★ 만든 낱말 수 | 개

낱말은 쏙쏙! 생각은 쑥쑥!

낱말 영역 |
걸린 시간 | 분 초

지시선이 가리키는 그림을 보고 사물의 이름이나 행동, 상태 등에 해당하는 낱말을 **보기**에서 찾아 □ 안에 쓰세요.

❶ 이름씨
❷ 움직씨
❸ 이름씨
❹ 이름씨
❺ 이름씨

보기 • 소리굽쇠 • 맥박 • 음정 • 마이크 • 용수철 • 난청 • 보청기 • 확성기
• 무전기 • 퉁기다

□ 안에는 어떤 낱말의 첫 글자가 쓰여 있습니다. 이 첫 글자를 참고하여 □에 알맞은 말을 넣어 낱말 풀이를 완성해 보세요.

❶ **맥박** : 심□ 박동에 의해 생기는 동맥벽의 진□. 맥박의 빠르기나 강하고 약함 따위로 심장의 상□를 알 수 있다.

❷ **소리굽쇠** : 나□ 위에 U자 모양의 쇠를 세운 것으로, 쇠를 두□ 소리를 냄.

❸ **스피커** : 전□를 이용하여 진동판을 떨게 하여 소리를 내는 장□.

❹ **보청기** : 소리를 잘 듣지 못하는 사람들이 귀에 꽂아서 소리를 잘 들□ 하는 기□.

❺ **난청** : 듣는 힘이 약하여 소리를 잘 들을 수 없는 상□.

 **낱말 친구 사총사**

다음 의 글에서 밑줄 친 말이 뜻하는 것을 올바르게 말하고 있는 친구는 누구인지 고르세요.

> 보기: 운동장에 나선 선수들은 반드시 이겨야겠다는 생각으로 **맥박이 치고** 있었다.

① 긴장해서 맥박이 빠르게 뛴다는 뜻이야.

② 기운이 없어서 맥박이 약하다는 뜻이야.

③ 힘이나 기세가 세차게 용솟음쳤다는 뜻이야.

④ 정신적인 부담이 커서 견디기 힘들다는 뜻이야.

 **연상되는 낱말 찾기**

다음은 세 낱말을 보고 공통으로 연상되는 낱말을 찾는 문제입니다. 세 낱말과 관련 있는 낱말을 써 보세요.

주파수	교신하다	오버	→	
할머니	귀	끼다	→	
노래	가수	사회자	→	

 **짧은 글짓기**

주어진 낱말을 이용하여 보기와 같은 형식으로 짧은 글을 지어 보세요.

> 보기: 누가 + 왜 + 무엇을 + 어떻게 했다

음정	
난청	
뚱기다	

낱말 쌈 싸 먹기

알쏭달쏭 헷갈리는 맞춤법, 띄어쓰기, 관용어, 한자어가 이제 한입에 쏙!
하루에 한 쪽씩 맛있게 냠냠 해치우자!

맞춤법 다음 문장에서 맞춤법이 틀린 낱말을 찾아 바르게 고쳐 써 보세요.

화산이 폭파하여 인근 마을이 화산재로 덮였다.   (   ) → (   )

띄어쓰기 주어진 두 문장 중 하나에는 띄어쓰기가 틀린 부분이 있습니다. 둘 중 바르게 띄어쓰기를 한 문장을 찾아서 ○표 하세요.

㉮ 강아지가 내 신발을 **물어 뜯었어!**　　㉯ 강아지가 내 신발을 **물어뜯었어!**

도움말 '물어서 뜯다.'라는 뜻을 가진 한 낱말입니다.

관용어 □ 안에 낱말을 넣어서 그림 속 상황과 어울리는 속담이나 격언 등을 만들어 보세요.

(몇 번을 가르쳐 줘도 못 알아듣는구나.) (집중이 안되요.)

□□에 경 읽기

한자어 글의 의미에 맞게 □ 안에 들어갈 알맞은 사자성어를 보기에서 찾아 써 보세요.

나는 엉겁결에 어머니께 거짓말을 한 뒤, 탄로날까 봐 늘 □□□□ 하였다.

보기 • 노심초사(勞心焦思)　• 이심전심(以心傳心)　• 오리무중(五里霧中)

공부를 시작하기 전에 가볍게 머리를 풀어 보아요!

가로·세로 낱말 만들기

 주어진 글자를 연결하여 29 회에 공부한 낱말을 만들어 보세요.

				청	음		

기	성	보	음	맥
난	박	정	확	청

★ 도전 시간 | 1분
★ 만들 낱말 수 | 5개
★ 만든 낱말 수 | 개

낱말은 쏙쏙! 생각은 쑥쑥!

낱말 영역 |
걸린 시간 | 분 초

그림으로 낱말 찾기

지시선이 가리키는 그림을 보고 사물의 이름이나 행동, 상태 등에 해당하는 낱말을 <보기>에서 찾아 □ 안에 쓰세요.

❶ 이름씨
❷ 이름씨
❸ 이름씨
❹ 이름씨
❺ 이름씨

<보기>
• 교정 • 반주 • 아름드리 • 외발뛰기 • 어르다 • 사방치기 • 위풍당당 • 기악
• 이어받다 • 왈츠

낱말 뜻 알기

□ 안에는 어떤 낱말의 첫 글자가 쓰여 있습니다. 이 첫 글자를 참고하여 □에 알맞은 말을 넣어 낱말 풀이를 완성해 보세요.

❶ **이어받다** : 이미 이루어진 일의 결□나, 해 오던 일 또는 그 정□ 따위를 전하여 받다.
❷ **아름드리** : 둘□가 한 아□이 넘는 것을 나타내는 말.
❸ **반주** : 노□나 기악의 연주를 도와주기 위하여 옆에서 다른 악□를 연주함.
❹ **위풍당당** : 풍채나 기□가 위□ 있고 떳떳함.
❺ **어르다** : 몸을 움직여 주거나 또는 무엇을 보여 주거나 들려주어서, 어□□를 달래거나 기쁘게 하여 주다.

 **낱말 친구 사총사**

다음 밑줄 친 낱말의 뜻이 다른 셋과 같지 않은 것은 어느 것인지 번호를 고르세요.

 ① 초담이는 치아를 고르게 **교정**하였어.

 ② 우리 학교 **교정**은 넓지는 않지만 깨끗해.

 ③ 수업을 알리는 종이 **교정**에 울려 퍼졌어.

 ④ **교정**에 있는 은행나무가 노랗게 물들었어.

 **연상되는 낱말 찾기**

다음은 세 낱말을 보고 공통으로 연상되는 낱말을 찾는 문제입니다. 세 낱말과 관련 있는 낱말을 써 보세요.

피아노	노래	오르간	→	
전통	왕위	가업	→	
아기	자장가	달래다	→	

 **짧은 글짓기**

주어진 낱말을 이용하여 보기 와 같은 형식으로 짧은 글을 지어 보세요.

보기   누가 + 왜 + 무엇을 + 어떻게 했다

아름드리	
기악	
위풍당당	

낱말 쌈 싸 먹기

알쏭달쏭 헷갈리는 맞춤법, 띄어쓰기, 관용어, 한자어가 이제 한입에 쏙!
하루에 한 쪽씩 맛있게 냠냠 해치우자!

맞춤법 다음 문장에서 ( ) 안의 낱말 중 맞춤법이 맞는 낱말에 ○표 하세요.

나는 연극에서 놀부 (역할, 역활)을 맡았다.

띄어쓰기 주어진 두 문장 중 하나에는 띄어쓰기가 틀린 부분이 있습니다. 둘 중 바르게 띄어쓰기를 한 문장을 찾아서 ○표 하세요.

㉮ 왜 친구를 보고도 **본체 만체** 지나가니?   ㉯ 왜 친구를 보고도 **본체만체** 지나가니?

도움말 '보고도 아니 본 듯이' 라는 뜻을 가진 한 낱말입니다.

관용어 □ 안에 낱말을 넣어서 그림 속 상황과 어울리는 속담이나 격언 등을 만들어 보세요.

제 눈에 □□

한자어 글의 의미에 맞게 □ 안에 들어갈 알맞은 한자어를 보기 에서 찾아 써 보세요.

우리가 □□(을)를 하는 바람에, 선생님의 □□(이)가 손상되었을까 봐 걱정이다.

보기 • 歌手   • 失手   • 體面   • 體育

| 부록 |
한글 맞춤법 알아보기

공습국어 어휘력의 낱말 쌈 싸먹기 꼭지에서는 맞춤법과 띄어쓰기, 그리고 관용어와 관련된 문제를 풀게 됩니다. 그런데 맞춤법이나 띄어쓰기의 경우 미리 약속한 규칙이 있어서 이를 잘 알지 못하면 문제를 풀기 쉽지 않습니다. 따라서 문제를 풀기 전에 맞춤법과 띄어쓰기에 관련하여 약속된 규칙을 꼼꼼히 살펴보는 것이 필요합니다.
한글 맞춤법 알아보기에서는 국립국어원의 한글 맞춤법과 표준어 규정 중에서 낱말 쌈 싸먹기의 맞춤법과 띄어쓰기에 나오는 낱말에 해당하는 규칙들을 살펴 볼 것입니다. 문법 용어나 설명하는 내용이 다소 어렵게 느껴지겠지만 문제를 풀기 위해서 꼭 알아두어야 할 규칙이므로 자주 읽어보면서 머릿속에 기억해 두기 바랍니다.

★ 맞춤법과 띄어쓰기와 관련된 용어 및 설명은 국립국어원 홈페이지(www.korean.go.kr)의 어문 규정을 따랐음을 밝힙니다. 아울러 지면상 본 교재에서 다루지 못한 부분이나 맞춤법과 띄어쓰기에 관련된 좀 더 자세한 정보는 국립국어원 홈페이지를 참고해 주시기 바랍니다.

한글 맞춤법의 기본 원칙

한글 맞춤법 총칙 1장 1항에 보면 '한글 맞춤법은 표준어를 소리대로 적되, 어법에 맞도록 함을 원칙으로 한다.' 라고 되어 있습니다. 우리말은 표음문자, 즉 말소리를 그대로 기호로 나타낸 문자이기 때문에 소리대로 글자를 적지만 모든 낱말을 소리대로 적을 수는 없습니다. 왜냐하면 우리말에는 소리가 비슷한 낱말들이 많이 있고 같은 글자라도 어떤 글자와 결합하느냐에 따라 소리가 달라져서 소리대로 적을 경우 그 뜻을 분간하기 어렵기 때문입니다. 꽃을 예를 들어 설명해 볼까요?

- 꽃이 ➡ 꼬치
- 꽃나무 ➡ 꼰나무
- 꽃밭 ➡ 꼳빧

위와 같이 소리대로 적으면 '꽃' 이라고 하는 원래 모양이 사라져 버리고 글자 모양도 매번 달라져서 뜻을 파악하기가 매우 불편해 집니다. 그래서 소리대로 적긴 하지만 원래 모양을 밝혀 적어야 함을 원칙으로 세운 것입니다.

그럼 맞춤법에 맞게 글을 쓰기 위해 알아 두어야 할 몇 가지 규칙을 살펴볼까요?

● **된소리가 나지만 된소리로 적지 않는 경우**

된소리는 'ㄲ, ㄸ, ㅃ, ㅆ, ㅉ' 으로 발음되는 소리입니다. 다음은 된소리가 나지만 된소리로 적지 않는 경우입니다.

- 국수(O), 국쑤(X)
- 깍두기(O), 깍뚜기(X)
- 갑자기(O), 갑짜기(X)
- 법석(O), 법썩(X)
- 뚝배기(O), 뚝빼기(X)
- 납작하다(O), 납짝하다(X)
- 떡볶이(O), 떡뽁끼(X)
- 몹시(O), 몹씨(X)
- 거꾸로(O), 꺼꾸로(X)
- 고깔(O), 꼬깔(X)
- 눈곱(O), 눈꼽(X)
- 돌부리(O), 돌뿌리(X)

● **예사소리가 아니라 된소리나 거센 소리로 적어야 하는 경우**

된소리나 거센 소리로 적어야 하는 낱말 중 예사소리로 적는 것으로 잘못 알고 있는 경우가 있습니다. 다음은 된소리로 적어야 하는 낱말입니다.

- 나무꾼(O), 나뭇군(X)
- 날짜(O), 날자(X)
- 살코기(O), 살고기(X)
- 눈썹(O), 눈섶(X)
- 머리카락(O), 머리가락(X)
- 수탉(O), 수닭(X)
- 팔꿈치(O), 팔굼치(X)

● 'ㅈ, ㅊ'으로 소리가 나도 'ㄷ, ㅌ'으로 적는 경우

'ㄷ, ㅌ' 받침이 있는 글자 다음에 '이'나 '히'가 와서 'ㅈ, ㅊ'으로 소리가 나더라도 'ㄷ, ㅌ'으로 적습니다.

- 해돋이(O), 해도지(X)
- 끝이(O), 끄치(X)
- 닫히다(O), 다치다(X)

● 한자어의 첫소리가 'ㄴ, ㄹ'일 때 'ㅇ'으로 적는 경우

한자음 '녀, 뇨, 뉴, 니'가 낱말의 첫머리에 올 적에는, '여, 요, 유, 이'로 적습니다. 또한 한자음 '랴, 려, 례, 료, 류, 리'가 낱말의 첫머리에 올 때에도, '야, 여, 예, 요, 유, 이'로 적습니다.

- 여자(O), 녀자(X)
- 연세(O), 년세(X)
- 요소(O), 뇨소(X)
- 양심(O), 량심(X)
- 역사(O), 력사(X)
- 예의(O), 례의(X)

● 한자어의 첫소리가 'ㄹ'일 때 'ㄴ'으로 적는 경우

한자음 '라, 래, 로, 뢰, 루, 르'가 단어의 첫머리에 올 적에는, '나, 내, 노, 뇌, 누, 느'로 적습니다.

- 낙원(O), 락원(X)
- 내일(O), 래일(X)
- 노동(O), 로동(X)

● 받침소리가 원래 글자와 다른 경우

우리말 받침소리는 'ㄱ, ㄴ, ㄷ, ㄹ, ㅁ, ㅂ, ㅇ'의 7개 자음만 발음하지만 받침에는 쌍자음을 비롯하여 모든 자음을 쓸 수 있습니다. 따라서 소리 나는 대로 받침을 적을 경우 틀릴 수 있으니 주의해야 합니다.

- 곶감(O), 곧깜(X)
- 갓길(O), 갇낄(X)
- 곳간(O), 곧깐(X)
- 깎다(O), 깍따(X)
- 꺾다(O), 꺽따(X)
- 닦다(O), 닥따(X)
- 굵다(O), 굼따(X)
- 넓다(O), 널따(X)
- 무릎(O), 무릅(X)
- 옛날(O), 옌날(X)
- 풀잎(O), 풀입(X)
- 넋두리(O), 넉두리(X)
- 여덟(O), 여덜(X)
- 이튿날(O), 이튼날(X)
- 싫증(O), 실쯩(X)
- 부엌(O), 부억(X)

● 발음이 비슷하여 잘못 쓰기 쉬운 경우 1

모음 'ㅔ'와 'ㅐ', 그리고 'ㅖ'는 소리를 구별하기 어려워 잘못 쓰기 쉽습니다.

- 가게(O), 가개(X)
- 핑계(O), 핑게(X)
- 게양(O), 계양(X)
- 어깨(O), 어께(X)
- 돌멩이(O), 돌맹이(X)
- 메밀국수(O), 매밀국수(X)
- 메뚜기(O), 매뚜기(X)
- 절레절레(O), 절래절래(X)
- 휴게실(O), 휴계실(X)
- 지게(O), 지개(X)
- 수수께끼(O), 수수깨끼(X)
- 찌개(O), 찌게(X)
- 게시판(O), 계시판(X)
- 베게(O), 배개(X)
- 지우개(O), 지우게(X)
- 술래잡기(O), 술레잡기(X)

● 발음이 비슷하여 잘못 쓰기 쉬운 경우 2

모음 'ㅣ'와 'ㅢ'는 소리를 구별하기 어려워 잘못 쓰기 쉽습니다.

- 무늬(O), 무니(X)

● 한 낱말 안에서 같은 음절이나 비슷한 음절이 겹쳐 나는 경우

한글 맞춤법에서는 낱말 안에서 같은 음절이나 비슷한 음절이 겹쳐 나면 같은 글자로 적습니다. 예를 들어 '딱따구리'는 'ㄸ' 음이 한 낱말에서 겹쳐나기 때문에 '딱다구리'라고 쓰지 않습니다.

- 짭짤하다(O), 짭잘하다(X)
- 똑딱똑딱(O), 똑닥똑닥(X)
- 씁쓸하다(O), 씁슬하다(X)
- 꼿꼿하다(O), 꼿곳하다(X)
- 씩씩하다(O), 씩식하다(X)
- 밋밋하다(O), 민밋하다(X)

● '-장이'로 쓰는 경우와 '-쟁이'로 쓰는 경우

기술자를 뜻할 때는 '-장이'로, 그 외에는 '-쟁이'로 써야 합니다.

- 멋쟁이(O), 멋장이(X)
- 미장이(O), 미쟁이(X)
- 개구쟁이(O), 개구장이(X)
- 대장장이(O), 대장쟁이(X)
- 난쟁이(O), 난장이(X)
- 겁쟁이(O), 겁장이(X)

● 의성어와 의태어에서 모음조화 현상을 따르지 않는 경우

모음을 구분할 때 'ㅏ, ㅗ' 따위를 양성 모음이라고 하고, 'ㅓ, ㅜ' 따위를 음성 모음이라고 합니다. 모음조화란 양성 모음은 양성 모음끼리, 음성 모음은 음성 모음끼리 어울리는 현상을 말합니다. '얼룩덜룩', '알록달록'과 같이 소리나 모양을 흉내 낸 의성어와 의태어의 경우는 모음조화의 원칙에 따라 낱말을 적습니다. 하지만 모음조화 현상을 따르지 않는 예외도 있습니다. 이 예외적인 경우 이외에는 모음조화 현상에 따라 의성어와 의태어를 써야 합니다.

- 오순도순(O), 오손도손(×)
- 깡충깡충(O), 깡총깡총(×)
- 소꿉장난(O), 소꼽장난(×)

● 발음에 변화가 일어나 새롭게 정한 표준어

원래는 둘 다 표준어였지만 자음이나 모음의 발음에 변화가 일어나 하나만 둘 중 하나만 표준어가 된 경우가 있습니다. 표준어와 비표준어를 혼동하지 않도록 주의 합니다.

- 강낭콩(O), 강남콩(×)
- 며칠(O), 몇일(×)
- 맞추다(O), 마추다(×)
- 부딪치다(O), 부딪히다(×)
- 상추(O), 상치(×)
- 설거지(O), 설겆이(×)
- 빈털터리(O), 빈털털이(×)
- 삐치다(O), 삐지다(×)
- 삼수갑산(O), 산수갑산(×)
- 숟가락(O), 숫가락(×)
- 사글세(O), 삯월세(×)
- 수퇘지(O), 숫돼지(×)
- 짜깁기(O), 짜집기(×)
- 자장면(O), 짜장면(×)
- 우레(O), 우뢰(×)
- 무(O), 무우(×)
- 김치 소(O), 김치 속(×)
- 멀리뛰기(O), 넓이뛰기(×)
- 내로라하다(O), 내노라하다(×)
- 뒤꼍(O), 뒤켠(×)
- 밭다리(O), 밧다리(×)
- 서슴지(O), 서슴치(×)
- 넉넉지(O), 넉넉치(×)
- 수평아리(O), 숫평아리(×)
- 셋째(O), 세째(×)
- 수탉(O), 숫닭(×)
- 암캐(O), 암개(×)
- 없음(O), 없슴(×)
- 엊그저께(O), 엇그저께(×)
- 어쨌든(O), 여쨋든(×)
- 할게(O), 할께(×)
- 해님(O), 햇님(×)
- 예쁘다(O), 이쁘다(×)
- 구절(O), 귀절(×)
- 끼어들다(O), 끼여들다(×)
- 할인(O), 활인(×)
- 미숫가루(O), 미싯가루(×)
- 트림(O), 트름(×)
- 장구(O), 장고(×)
- 홀아비(O), 홀애비(×)
- 쌍둥이(O), 쌍동이(×)

● 뜻을 구별하여 사용해야 하는 낱말

우리말에는 뜻은 다른데 글자나 발음이 비슷한 낱말이나 둘 이상의 낱말이 비슷한 뜻을 가져서 어떤 낱말을 사용해야 할지 애매한 경우가 많이 있습니다.

- 걸음 : '걷다'의 명사형 / 거름 : 땅을 기름지게 하는 물질
- 바라다 : 그렇게 되었으면 하고 생각하다. / 바래다 : 색이 바래다. 또는 배웅하다.
- 얼음 : 물이 굳은 것 / 어름 : 구역과 구역의 경계점
- 웃옷 : 겉에 입는 옷 / 윗옷 : 위에 입는 옷
- 장사 : 물건을 파는 일 / 장수 : 장사하는 사람
- 짖다 : 소리를 내다. / 짓다 : 무엇을 만들다.
- 가리키다 : 방향이나 대상을 알리다. / 가르치다 : 지식이나 기능을 알게 하다.
- 다르다 : 서로 같지 않다. / 틀리다 : 그르거나 어긋나다.
- 반듯이 : 굽지 않고 바르다. / 반드시 : 틀림없이, 꼭
- 부치다 : 편지나 물건 등을 보내다. / 붙이다 : 떨어지지 않게 하다.
- 잊어버리다 : 생각이 나지 않다. / 잃어버리다 : 물건이 없어져 갖고 있지 않다.
- 늘리다 : 커지거나 많게 되다. / 늘이다 : 원래보다 더 길게 하다.
- 돋구다 : 안경의 도수 따위를 높이다. / 돋우다 : 위로 올려 도드라지거나 높아지게 하다.
- 댕기다 : 불이 옮아 붙다. / 당기다 : 마음이나 몸이 끌리다.
- 다리다 : 다리미로 옷을 문지르다. / 달이다 : 액체 따위를 끓여서 진하게 만들다.
- 비치다 : 빛을 받아 모양이 나타나 보이다. / 비추다 : 빛을 다른 대상이 받게 하다.
- 빌다 : 간청하거나 호소하다. / 빌리다 : 남의 물건이나 돈을 얼마 동안 쓰다.
- 살지다 : 살이 많고 튼실하다. / 살찌다 : 몸에 살이 필요 이상으로 많아지다.
- 벌이다 : 일 따위를 시작하거나 펼쳐 놓다. / 벌리다 : 둘 사이를 넓히거나 멀게 하다.

띄어쓰기의 기본 원칙

한글 맞춤법 1장 2항에 의하면 '문장의 각 단어는 띄어 씀을 원칙으로 한다.'고 되어 있습니다. 그렇다고 모든 낱말을 띄어서 쓰는 것은 아닙니다. '나는 학생입니다.'라는 문장을 보면 '나'와 '는'은 각각 다른 낱말이지만 붙여 쓴 걸 알 수 있습니다. 두 낱말은 붙여 쓴 것은 '는'이 독자적인 의미를 갖고 있지 않기 때문입니다.

이처럼 낱말을 붙여 쓸 때도 있기 때문에 띄어쓰기는 항상 헷갈리지만 몇 가지 규칙을 기억해 두면 띄어쓰기에 대해 자신감을 가질 수 있을 것입니다.

● **조사는 그 앞말에 붙여 쓴다**

낱말은 명사(이름씨), 동사(움직씨), 형용사(그림씨), 부사(어찌씨), 조사 등과 같이 품사에 따라 구분할 수 있는데, 조사는 독자적인 의미가 없이 명사 뒤에 붙어 명사를 주어, 목적어, 서술어 등으로 만드는 기능적 역할을 담당합니다.

~까지	학교까지	~치고	양반치고	~밖에	너밖에
~같이	사자같이	~(이)든지	누구든지	~대로	이대로
~더러	누구더러	~조차	너조차	~에설랑	바다에설랑
~처럼	처음처럼	~보다	양보다	~마따나	말마따나
~한테	삼촌한테	~(은)커녕	짐승은커녕	~마다	사람마다
~마저	엄마마저	~(이)나마	조금이나마	~라야만	너라야만

● **의존 명사는 앞말과 띄어 쓴다**

의존 명사는 다른 명사에 기대어 쓰는 형식적인 낱말로 조사와 비슷하지만 명사의 성격을 갖고 있기 때문에 조사와는 달리 앞말에 붙여 쓰지 않고 띄어 씁니다. 띄어쓰기를 틀리는 대부분의 경우를 보면 어떤 낱말을 접했을 때 이것이 의존명사인지 아닌지 헷갈려하기 때문입니다. 따라서 의존명사를 확실히 알아두는 것이 띄어쓰기를 잘하는 지름길입니다.

단위나 수량을 나타내는 의존명사					
개	한 개, 두 개	분	한 분, 어떤 분	자루	연필 한 자루
줄	한 줄, 두 줄	마리	닭 한 마리	다발	꽃 한 다발
그루	나무 한 그루	켤레	신발 한 켤레	방	홈런 한 방
근	돼지고기 한 근	채	집 한 채	포기	풀 한 포기

단위나 수량을 나타내는 의존명사					
모금	물 한 **모금**	주먹	한 **주먹**	톨	밤 한 **톨**
가지	한 **가지**, 몇 **가지**	척	배 한 **척**	벌	옷 한 **벌**
살	아홉 **살**, 열 **살**	대	차 한 **대**	장	종이 한 **장**

꾸며주는 말 뒤에서 쓰이는 의존명사					
지	떠난 **지**	쪽	어느 **쪽**	차	가려던 **차**
만큼	노력한 **만큼**	양	바보인 **양**	터	내일 갈 **터**
채	모르는 **채**	수	이럴 **수**가	만	좋아할 **만**도
척	아는 **척**	데	사는 **데**	자	맞설 **자**가
바	뜻한 **바**	이	아는 **이**	것	어느 **것**
대로	느낀 **대로**	쪽	가까운 **쪽**	분	착한 **분**
탓	게으른 **탓**	듯	자는 **듯**	체	잘난 **체**
줄	그럴 **줄**	딴	제 **딴**에는	나위	더할 **나위**
따름	웃을 **따름**	뿐	보낼 **뿐**	둥	하는 **둥**
때문	너 **때문**	뻔	다칠 **뻔**	따위	너 **따위**
리	그럴 **리**가	나름	하기 **나름**		

두 말을 이어주거나 열거하는 의존명사					
등	국어, 수학, 영어 **등**	대	청군 **대** 백군	내지	열 **내지** 스물
겸	차장 **겸** 팀장	및	선생님 **및** 학부모님	등지	광주, 대구 **등지**

호칭이나 관직과 관련된 의존명사					
군	홍길동 **군**	박사	아인슈타인 **박사**	씨	이몽룡**씨**

기타 의존명사			
편	기차 **편**	통	난리 **통**

● 접사는 낱말의 앞이나 뒤에 붙여 쓴다

접사는 홀로 쓰이지 않고 다른 낱말의 앞에 붙어서 새로운 뜻을 가진 낱말을 만드는 역할을 합니다. 낱말의 앞에 붙을 때는 접두사라고 하고, 뒤에 붙을 때는 접미사라고 합니다. 접사 중에는 관형사나 의존명사와 비슷한 글자가 많아 띄어쓰기를 틀리는 경우가 많으므로 잘 기억해 두세요.

맏	맏며느리	맨	맨발	풋	풋고추
한	한가운데	웃	웃어른	늦	늦더위
날	날고기	덧	덧버선	햇	햇과일
민	민소매	개	개꿈	돌	돌미역
맞	맞대결	설	설익다	강	강타자
홑	홑이불	새	새까맣다	선	선무당
헛	헛수고	알	알거지	맞	맞절
핫	핫바지	처	처먹다	짝	짝사랑
막	막노동	엿	엿듣다	질	걸레질
내	겨우내	꾼	구경꾼	둥이	귀염둥이
뱅이	가난뱅이	광	농구광	치	중간치

● 둘 이상의 낱말이 결합하여 붙여 쓰는 합성명사

명사와 명사가 결합하여 새로운 뜻을 가진 하나의 낱말이 되는 경우 두 낱말을 띄어 쓰지 않고 붙여 씁니다.

겉+모양	겉모양	길+바닥	길바닥	단풍+잎	단풍잎
그림+일기	그림일기	가을+밤	가을밤	말+없이	말없이
기와+집	기와집	꽃+가루	꽃가루	돌+잔치	돌잔치
몸+무게	몸무게	돼지+고기	돼지고기	말+버릇	말버릇
불+장난	불장난	고기잡이+배	고기잡이배	단발+머리	단발머리
막내+딸	막내딸	아침+밥	아침밥	웃음+바다	웃음바다
새끼+손가락	새끼손가락	단골+손님	단골손님	봄+빛	봄빛
밥+상	밥상	호박+엿	호박엿	송이+버섯	송이버섯
비+바람	비바람	바늘+구멍	바늘구멍	밥+그릇	밥그릇
묵+사발	묵사발	조각+구름	조각구름	물+장수	물장수

● 둘 이상의 동사가 결합하여 붙여 쓰는 복합동사

동사와 동사가 결합하여 새로운 뜻을 가진 하나의 낱말이 되는 경우 두 낱말을 띄어 쓰지 않고 붙여 씁니다.

가지다+가다	가져가다	걷다+가다	걸어가다	쫓기다+나다	쫓겨나다
구르다+가다	굴러가다	뛰다+다니다	뛰어다니다	올리다+놓다	올려놓다
찾다+보다	찾아보다	고맙다+하다	고마워하다	바라다+보다	바라보다
내리다+오다	내려오다	즐겁다+하다	즐거워하다	잡다+먹다	잡아먹다
따르다+가다	따라가다	기다+가다	기어가다	솟다+나다	솟아나다
하다+나다	해내다	무섭다+하다	무서워하다	달리다+가다	달려가다
벗다+나다	벗어나다	잡다+당기다	잡아당기다	그립다+하다	그리워하다
데리다+가다	데려가다	내리다+놓다	내려놓다	모이다+들다	모여들다
얻다+먹다	얻어먹다	뛰다+가다	뛰어가다	깨다+나다	깨어나다
잡다+가다	잡아가다	물리다+나다	물러나다	쫓다+가다	쫓아가다
튀다+나오다	튀어나오다	돌다+가다	돌아가다	뛰다+나가다	뛰쳐나가다
스미다+들다	스며들다	거들뜨다+보다	거들떠보다		

공습국어 초등어휘

정답과 해설

3·4학년 심화 II

주니어김영사

01회 | 16~18쪽

★ 그림으로 낱말 찾기 ★
① 도술 ② 실감 ③ 빗대다 ④ 영웅 ⑤ 간직하다

★ 낱말 뜻 알기 ★
① 실제, 느낌 ② 곧바로, 둘러서 ③ 물건, 장소
④ 조화, 요술 ⑤ 문제, 주목

★ 낱말 친구 사총사 ★
④

해설 ①, ②, ③에 쓰인 '주인공'은 '연극, 영화, 소설 따위에서 사건의 중심이 되는 인물'이라는 뜻으로 사용되었고, ④에 쓰인 '주인공'은 '어떤 일에서 중심이 되거나 주도적인 역할을 하는 사람'이라는 뜻으로 사용되었습니다.

★ 연상되는 낱말 찾기 ★
신분, 영웅, 도술

★ 짧은 글짓기 ★
- 예 어제 싸우면서 누나가 나를 놀부에 빗대어 말했다.
- 예 조선 시대에 양반들은 평민들을 괴롭히고 차별하였다.
- 예 이틀 전에 경찰들이 그 사건을 해결하였다.

★ 맞춤법 ★
가까이

해설 '가까이'는 '가까히'로 잘못 쓰기 쉬운 말입니다. '가깝다'처럼 어간이 'ㅂ' 불규칙 용언인 경우에 '이'를 써서 부사를 만들므로 바르게 기억하여 둡니다.

★ 띄어쓰기 ★
㉯

해설 '이나마'는 보조사로, 앞말에 붙여 씁니다. '조사'란 어떤 낱말 뒤에 붙어서 뜻이 잘 나타나게 도와주거나 낱말 사이의 관계를 보여 주는 말입니다.

★ 관용어 ★
방앗간

해설 그림은 길에서 붕어빵 가게를 그냥 지나치지 않고 들러서 붕어빵을 사 먹는 상황을 표현하고 있습니다. 이런 상황과 어울리는 속담에는 '참새가 방앗간을 그저 지나랴'가 있습니다. '참새가 방앗간을 그저 지나랴'는 '욕심 많은 사람이 이익이 될 만한 일을 보고 가만있지 못한다는 말', 또는 '자기가 좋아하는 곳은 그대로 지나치지 못함을 비유적으로 이르는 말'이라는 뜻을 갖고 있습니다.

★ 한자어 ★
開校(개교), 行事(행사)

02회 | 20~22쪽

★ 그림으로 낱말 찾기 ★
① 방위 ② 등고선 ③ 범례 ④ 지도 ⑤ 축척

★ 낱말 뜻 알기 ★
① 범위, 퍼져 ② 기온, 바람 ③ 첫머리, 참고
④ 지도, 실제, 비율 ⑤ 우박, 총량

★ 낱말 친구 사총사 ★
③

해설 ①, ②, ④에 쓰인 '방위'는 '공간의 어떤 점이나 방향이 한 기준의 방향에 대하여 나타내는 어떠한 쪽의 위치'라는 뜻으로 사용되었고, ③에 쓰인 '방위'는 '적의 공격이나 침략을 막아서 지킴'이라는 뜻으로 사용되었습니다.

★ 연상되는 낱말 찾기 ★
지도, 기후, 등고선

★ 짧은 글짓기 ★
- 예 나는 숙제를 하기 위해 자료를 조사했다.
- 예 세종대왕은 백성을 돕기 위해 각 지역의 강수량을 기록하도록 했다.
- 예 우리는 길을 찾기 위해 지도를 들여다보았다.

★ 맞춤법 ★
가리마 → 가르마

해설 '가르마'는 '가리마'로 잘못 쓰기 쉬운 말입니다. '가르마'는 '이마에서 정수리까지의 머리카락을 양쪽으로 갈랐을 때 생기는 금'이라는 뜻이고, '가리마'는 '예전에, 부녀자들이 예복을 갖추어 입을 때 큰머리 위에 덮어쓰던 검은 헝겊'이라는 뜻입니다. 따라서 문장에 어울리는 낱말은 '가르마'입니다.

★ 띄어쓰기 ★
㉯

해설 '딸자식'은 '딸'과 '자식'이 하나로 합쳐져서 쓰이는 합성어이므로 붙여 써야 합니다.

★ 관용어 ★

뛰려고

해설 그림은 오늘 처음으로 스케이트를 타 보면서 어려운 3회전 점프를 하겠다고 하는 상황을 표현하고 있습니다. 이런 상황과 어울리는 속담에는 '걷기도 전에 뛰려고 한다'가 있습니다. '걷기도 전에 뛰려고 한다'는 '쉽고 작은 일도 해낼 수 없으면서 어렵고 큰일을 하려고 나서는 것을 이르는 말'이라는 뜻을 갖고 있습니다.

★ 한자어 ★

유비무환(有備無患)

해설 • 일취월장(日就月將) : 날마다 달마다 성장하고 발전한다는 뜻으로, 학업이나 실력이 나날이 다달이 자라거나 발전함을 이르는 말.
• 유비무환(有備無患) : 준비가 있으면 근심이 없다는 뜻으로, 미리 준비가 되어 있으면 우환을 당하지 아니함. 또는 뒷걱정이 없음을 이르는 말.
• 추풍낙엽(秋風落葉) : 가을바람에 떨어지는 나뭇잎이라는 뜻으로, 어떤 형세나 세력이 갑자기 기울어지거나 헤어져 흩어지는 모양을 비유적으로 이르는 말.

03회 | 24~26쪽

★ 그림으로 낱말 찾기 ★

❶ 추 ❷ 용수철 ❸ 수평 ❹ 눈금 ❺ 저울

★ 낱말 뜻 알기 ★

❶ 기울지 ❷ 짐작, 헤아리 ❸ 저울대, 무게 ❹ 기준, 등수
❺ 기준, 종류, 크기

★ 낱말 친구 사총사 ★

❶

해설 ❷, ❸, ❹에 쓰인 '눈금'은 '자·저울·온도계 따위에 표시하여 길이·양·도수 따위를 나타내는 금'이라는 뜻으로 사용되었고, ❶에 쓰인 '눈금'은 '눈으로 짐작하여 긋는 금'이라는 뜻으로 사용되었습니다.

★ 연상되는 낱말 찾기 ★

용수철, 저울, 수평

★ 짧은 글짓기 ★

• 예 우리는 오전에 과학실에서 저울을 가지고 무게를 측정하는 실험을 하였다.
• 예 나는 어제 저녁에 슈퍼마켓에 갔다가, 어림하여 가져간 동전이 모자라서 누나에게 와 달라고 전화를 했다.
• 예 아빠는 날마다 양계장에서 달걀의 등급을 매기는 일을 하신다.

★ 맞춤법 ★

가지런한

해설 '가지런하다'는 '가즈런하다'로 잘못 쓰기 쉬운 말이므로 바르게 기억하여 둡니다.

★ 띄어쓰기 ★

㈏

해설 '전(傳)'은 어떤 사람의 독특한 행적을 기록하고, 여기에 교훈적인 내용이나 비판을 덧붙인 글로, '홍길동'전, '춘향전', '심청전' 등과 같이 붙여 씁니다.

★ 관용어 ★

나사

해설 그림은 시험이 끝나고 긴장이 풀려서 책가방을 깜박하고 학교에 가는 상황을 표현하고 있습니다. 이런 상황과 어울리는 관용구에는 '나사가 풀리다'가 있습니다. '나사가 풀리다'는 '정신 상태가 해이하다'라는 뜻을 갖고 있습니다.

★ 한자어 ★

車便(차편), 外出(외출)

04회 | 28~30쪽

★ 그림으로 낱말 찾기 ★

❶ 장애인 ❷ 좌절 ❸ 의아하다 ❹ 휠체어 ❺ 새기다

★ 낱말 뜻 알기 ★

❶ 기운, 꺾임 ❷ 의심, 이상 ❸ 마음, 기억 ❹ 공간, 자동차
❺ 단념, 끈질기게

★ 낱말 친구 사총사 ★

❷

해설 ❶, ❸, ❹에 쓰인 '새겨, 새겼어'는 '잊지 않도록 마음속에 깊이 기억하다.'라는 뜻으로 사용되었고, ❷에 쓰인 '새겨'는 '글씨나 형상을 파다.'라는 뜻으로 사용되었습니다.

★ 연상되는 낱말 찾기 ★

도전, 휠체어, 붐비다

★ 짧은 글짓기 ★

• 예 선수들이 경기장으로 입장을 하기 위해 줄을 섰다.

- 예 아저씨는 자신의 꿈을 이루기 위해 끈기 있게 도전을 하였다.
- 예 나는 언니의 설명을 이해할 수가 없어서 의아한 부분을 다시 물어보았다.

★ 맞춤법 ★
가만이 → 가만히

해설 '가만히'는 '가만이'로 잘못 쓰기 쉬운 말입니다. '가만히'처럼 어근 뒤에 '-하다'가 붙는 경우는 '-히'로 적습니다. 다만, '깨끗이'(깨끗하다)와 같이 이 기준에서 어긋나는 예외적인 경우도 있습니다.

★ 띄어쓰기 ★
㉮

해설 '뛰어내리다'는 '높은 데서 아래로 몸을 던져 내려오다.'라는 뜻으로, 붙여서 한 낱말로 씁니다.

★ 관용어 ★
콩, 메주

해설 그림은 오늘은 숙제가 없다고 사실을 말해도 엄마가 믿지 않는 상황을 표현하고 있습니다. 이런 상황과 어울리는 속담에는 '콩으로 메주를 쑨다 해도 곧이듣지 않는다'가 있습니다. '콩으로 메주를 쑨다 해도 곧이듣지 않는다'는 '아무리 사실대로 말하여도 믿지 아니함을 비유적으로 이르는 말'이라는 뜻을 갖고 있습니다.

★ 한자어 ★
살신성인(殺身成仁)

해설
- 살신성인(殺身成仁) : 자신의 몸을 죽여 인을 이룬다는 뜻으로, 자기의 몸을 희생하여 옳은 도리를 행하는 것을 이르는 말.
- 설상가상(雪上加霜) : 눈 위에 서리가 덮인다는 뜻으로, 난처한 일이나 불행한 일이 잇따라 일어남을 이르는 말.
- 동분서주(東奔西走) : 동쪽으로 뛰고 서쪽으로 뛴다는 뜻으로, 사방으로 이리저리 몹시 바쁘게 돌아다님을 이르는 말.

05회 | 32~34쪽

★ 그림으로 낱말 찾기 ★
① 장단 ② 가야금 ③ 추임새 ④ 판소리 ⑤ 작곡

★ 낱말 뜻 알기 ★
① 즐거움, 감정 ② 음악, 가락 ③ 이야기, 전통
④ 판소리, 고수, 돋우기 ⑤ 현악기

★ 낱말 친구 사총사 ★
④

해설 ①, ②, ③에 쓰인 '타령'은 '광대의 판소리와 잡가를 통틀어 이르는 말'이라는 뜻으로 사용되었고, ④에 쓰인 '타령'은 '어떤 사물에 대한 생각을 말이나 소리로 나타내 자꾸 되풀이하는 일'이라는 뜻으로 사용되었습니다.

★ 연상되는 낱말 찾기 ★
가야금, 판소리, 장단

★ 짧은 글짓기 ★
- 예 선생님께서 전라도 민요를 조사해 오라는 숙제를 내 주셨다.
- 예 할머니께서는 광대가 창을 하는 사이에 '얼쑤!' 하며 추임새를 넣으셨다.
- 예 안익태 선생님께서 애국가를 작곡하셨다.

★ 맞춤법 ★
간질이곤

해설 '간질이다'는 '간지르다'로 잘못 쓰기 쉬운 말이므로 바르게 기억하여 둡니다.

★ 띄어쓰기 ★
㉮

해설 '굵직굵직하다'는 '밤, 대추, 알 따위의 부피가 모두 크다.'는 뜻으로, 붙여서 한 낱말로 씁니다.

★ 관용어 ★
게 눈

해설 그림은 아이가 피자를 매우 빨리 먹어 버린 상황을 표현하고 있습니다. 이런 상황과 어울리는 속담에는 '마파람에 게 눈 감추듯'이 있습니다. '마파람에 게 눈 감추듯'은 '음식을 매우 빨리 먹어 버리는 모습을 비유적으로 이르는 말'이라는 뜻을 갖고 있습니다.

★ 한자어 ★
地上(지상), 重力(중력)

06회 | 36~38쪽

★ 그림으로 낱말 찾기 ★
❶ 방언 ❷ 서운하다 ❸ 공경 ❹ 안부 ❺ 웅변

★ 낱말 뜻 알기 ★
❶ 음성 ❷ 지방, 표준어 ❸ 나라, 공용어, 언어
❹ 조리, 연설 ❺ 편안, 소식, 인사

★ 낱말 친구 사총사 ★
❶

해설 ❷, ❸, ❹에 쓰인 '동생, 아저씨, 할머니'는 표준어지만, ❶에 쓰인 '아지매'는 경상도와 전라도 지방에서 쓰이는 '아주머니'라는 뜻의 방언입니다.

★ 연상되는 낱말 찾기 ★
방언, 웅변, 예의

★ 짧은 글짓기 ★
• 예 내 친구는 외국에 오래 살아서 발음을 이상하게 한다.
• 예 선생님은 남을 돕기 때문에 사람들에게 존경을 받는다.
• 예 아빠는 누구보다 열심히 응원을 하셨기 때문에 우리 팀이 지자 서운한 마음을 감추지 못하셨다.

★ 맞춤법 ★
각작각작 → 갂작갂작

해설 '갂작갂작[각짝각짝]'은 '각작각작'으로 잘못 쓰기 쉬운 말입니다. 글자의 모양과 읽을 때의 소리가 다른 낱말은 틀리기 쉬우므로 바르게 기억하여 둡니다.

★ 띄어쓰기 ★
㉯

해설 '냥'은 예전에 엽전을 세던 단위로, 단위를 나타내는 명사는 앞말과 띄어 씁니다.

★ 관용어 ★
㉡

해설 그림은 아이가 팽이를 찾으려고 방을 샅샅이 뒤지는 상황을 표현하고 있습니다. 이런 상황과 어울리는 관용구에는 '이 잡듯이'가 있습니다. '이 잡듯이'는 '샅샅이 뒤지어 찾는 모양을 비유적으로 이르는 말'이라는 뜻을 갖고 있습니다.

★ 한자어 ★
전화위복(轉禍爲福)

해설 • 용호상박(龍虎相搏) : 용과 범이 서로 싸운다는 뜻으로, 강자끼리 서로 싸움을 이르는 말.
• 적반하장(賊反荷杖) : 도둑이 도리어 몽둥이를 든다는 뜻으로, 잘못한 사람이 도리어 잘한 사람을 나무라는 경우를 이르는 말.
• 전화위복(轉禍爲福) : 화가 바뀌어 오히려 복이 된다는 뜻으로, 어떤 불행한 일이라도 끊임없는 노력과 강인한 의지로 힘쓰면 불행을 행복으로 바꾸어 놓을 수 있다는 말.

07회 | 40~42쪽

★ 그림으로 낱말 찾기 ★
❶ 출생 ❷ 자원 ❸ 교통 ❹ 금융 ❺ 산업

★ 낱말 뜻 알기 ★
❶ 세상 ❷ 경제, 공급 ❸ 가깝게, 관계 ❹ 자동차, 비행기
❺ 생활, 원료

★ 낱말 친구 사총사 ★
❷

해설 ❶, ❸, ❹에 쓰인 '고장'은 '사람이 많이 사는 지방이나 지역'이라는 뜻으로 사용되었고, ❷에 쓰인 '고장'은 '기구나 기계가 제대로 움직이지 못하게 되는 기능상의 장애'라는 뜻으로 사용되었습니다.

★ 연상되는 낱말 찾기 ★
인구, 산업, 교통

★ 짧은 글짓기 ★
• 예 현재 전 세계에서 금융이 가장 발달한 곳은 뉴욕이다.
• 예 신라 시대에 왕실에서는 왕과 귀족의 관계가 무척 밀접하였다.
• 예 지금부터 500여년 전 조선에서는 출생에 따라 신분의 차이가 엄격하였다.

★ 맞춤법 ★
감쪽같이

해설 '감쪽같이'는 '깜족같이'로 잘못 쓰기 쉬운 말이므로 바르게 기억하여 둡니다.

★ 띄어쓰기 ★
㉯

해설 '저녁때'는 '저녁'과 '때'가 하나로 합쳐져서 쓰이는 합성어이므로 붙여 써야 합니다.

정답과 해설 5

★ 관용어 ★

뱉는다

해설 그림은 축구공이 있는 친구와 함께 놀다가 유리창을 깨자 혼자 가 버리는 상황을 표현하고 있습니다. 이런 상황과 어울리는 속담에는 '달면 삼키고 쓰면 뱉는다'가 있습니다. '달면 삼키고 쓰면 뱉는다'는 '옳고 그름 이나 신의를 돌보지 않고 자기의 이익만 꾀하는 것을 비유적으로 이르는 말'이라는 뜻을 갖고 있습니다.

★ 한자어 ★

入金(입금), 食堂(식당)

08회 | 44~46쪽

★ 그림으로 낱말 찾기 ★

① 펀치 ② 딛다 ③ 체중계 ④ 걸쇠 ⑤ 태엽

★ 낱말 뜻 알기 ★

① 빨아 ② 종이, 구멍 ③ 대문, 빗장 ④ 길이, 무게, 기준
⑤ 낡아, 두께, 크기

★ 낱말 친구 사총사 ★

④

해설 ①, ②, ③에 쓰인 '딛고, 딛을'은 '발을 올려놓고 서거나 발로 내리누르다.'라는 뜻으로 사용되었고, ④에 쓰인 '딛고'는 '어려운 상황 따위를 이겨 내다.'라는 뜻으로 사용되었습니다.

★ 연상되는 낱말 찾기 ★

체중계, 태엽, 단위

★ 짧은 글짓기 ★

- 예 엄마는 내 신발이 다 닳은 것을 보시고 새 신발을 사 주셨다.
- 예 모든 생물은 영양분을 흡수해야 한다.
- 예 선생님께서는 우리에게 무게를 재는 단위를 가르쳐 주셨다.

★ 맞춤법 ★

곤난한 → 곤란한

해설 '곤란하다'는 '곤난하다'로 잘못 쓰기 쉬운 말이므로 바르게 기억하여 둡니다.

★ 띄어쓰기 ★

㉯

해설 '살이'는 '어떤 일에 종사하거나 어디에 기거하여 사는 생활'이라는 뜻을 더하는 말로, '살이'와 결합하는 복합어는 앞말과 붙여 씁니다.

★ 관용어 ★

한강, 눈

해설 그림은 엄마한테 야단을 맞고 기분이 안 좋은 언니가 괜히 애꿎은 동생에게 화풀이하는 상황을 표현하고 있습니다. 이런 상황과 어울리는 속담에는 '종로에서 뺨 맞고 한강에서 눈 흘긴다'가 있습니다. '종로에서 뺨 맞고 한강에서 눈 흘긴다'는 '욕을 당한 자리에서는 아무 말도 못 하고 뒤에 가서 불평함을 비유적으로 이르는 말', 또는 '노여움을 애매한 다른 데로 옮김을 비유적으로 이르는 말'이라는 뜻을 갖고 있습니다.

★ 한자어 ★

좌불안석(坐不安席)

해설
- 청산유수(靑山流水) : 푸른 산에 흐르는 맑은 물이라는 뜻으로, 막힘없이 썩 잘하는 말을 비유적으로 이르는 말.
- 칠전팔기(七顚八起) : 일곱 번 넘어지고 여덟 번 일어난다는 뜻으로, 여러 번 실패하여도 굴하지 아니하고 꾸준히 노력함을 이르는 말.
- 좌불안석(坐不安席) : 앉아도 자리가 편안하지 않다는 뜻으로, 마음이 불안하거나 걱정스러워서 한군데에 가만히 앉아 있지 못하고 안절부절못하는 모양을 이르는 말.

09회 | 48~50쪽

★ 그림으로 낱말 찾기 ★

① 횡단하다 ② 이륙 ③ 관중 ④ 행성 ⑤ 탐사

★ 낱말 뜻 알기 ★

① 관계, 인연 ② 날기, 떠나다 ③ 연구, 공적 ④ 경기, 구경
⑤ 대륙, 방향

★ 낱말 친구 사총사 ★

③

해설 ①, ②, ④에 쓰인 '맺었대, 맺은, 맺었다는'은 '관계나 인연 따위를 이루거나 만들다.'라는 뜻으로 사용되었고, ③에 쓰인 '맺지'는 '열매나 꽃망울 따위가 생겨나거나 그것을 이루다.'라는 뜻으로 사용되었습니다.

★ 연상되는 낱말 찾기 ★

탐사, 광년, 행성

★ 짧은 글짓기 ★
- 예 그 선수의 경기를 보기 위해 수많은 관중이 표를 사서 입장했다.
- 예 자신의 한계를 시험하기 위해 그 탐험가는 아프리카 대륙을 횡단하기로 하였다.
- 예 위대한 업적을 남기기 위해 그 발명가는 하루도 쉬지 않고 연구를 했다.

★ 맞춤법 ★
거두었다

해설 '거두다'는 '걷우다'로 잘못 쓰기 쉬운 말입니다. 용언의 어간에 접미사 '-우-'가 붙어서 된 말들은 그 어간을 밝히어 적지만, '거두다'와 같이 본뜻에서 멀어진 것은 소리나는대로 적기 때문에 바르게 기억하여 둡니다.

★ 띄어쓰기 ★
㉯

해설 '늘어놓다'는 '줄을 지어 벌여 놓다.'라는 뜻으로, 붙여서 한 낱말로 씁니다.

★ 관용어 ★
목

해설 그림은 반장이 되었다고 엄마와 아이가 거드름을 피우는 상황을 표현하고 있습니다. 이런 상황과 어울리는 관용구에는 '목에 힘을 주다'가 있습니다. '목에 힘을 주다'는 '거드름을 피우거나 남을 깔보는 듯한 태도를 취하다.'라는 뜻을 갖고 있습니다.

★ 한자어 ★
美男(미남), 體力(체력)

10회 | 52~54쪽

★ 그림으로 낱말 찾기 ★
❶ 감상하다 ❷ 조소 ❸ 캔버스 ❹ 공연하다 ❺ 발레

★ 낱말 뜻 알기 ★
❶ 유화, 그림 ❷ 테두리 ❸ 예술, 평가 ❹ 무용, 사람
❺ 드러나지, 현상

★ 낱말 친구 사총사 ★
❹

해설 ❶, ❷, ❸에 쓰인 '조소'는 '재료를 깎고 새기거나 빚어서 입체 형상을 만듦. 또는 그런 미술'이라는 뜻으로 사용되었고, ❹에 쓰인 '조소'는 '흉을 보듯이 빈정거리거나 업신여기는 일. 또는 그렇게 웃는 웃음'이라는 뜻으로 사용되었습니다.

★ 연상되는 낱말 찾기 ★
연극, 발레, 감상하다

★ 짧은 글짓기 ★
- 예 친구가 나에게 무용 공연을 함께 보러 가자고 했다.
- 예 사장은 탐정에게 그 사건에 대해 더 탐색해달라고 의뢰를 하였다.
- 예 엄마는 화가가 꿈인 형에게 멋진 캔버스를 선물하셨다.

★ 맞춤법 ★
겨울살이 → 겨우살이

해설 '겨우살이'는 '겨울살이'로 잘못 쓰기 쉬운 말입니다. '겨울'에 'ㄹ'이 탈락한 '겨우살이'가 맞으므로 바르게 기억하여 둡니다.

★ 띄어쓰기 ★
㉮

해설 '높디높다'는 '더할 수 없을 정도로 높다.'라는 뜻으로, 붙여서 한 낱말로 씁니다.

★ 관용어 ★
매, 맞는

해설 그림은 아이가 예방주사를 먼저 맞은 뒤, 떨면서 기다리는 친구들을 보며 다행이라고 생각하는 상황을 표현하고 있습니다. 이런 상황과 어울리는 속담에는 '매도 먼저 맞는 놈이 낫다'가 있습니다. '매도 먼저 맞는 놈이 낫다'는 '이왕 겪어야 할 일이라면 아무리 어렵고 괴롭더라도 먼저 치르는 편이 낫다는 말'이라는 뜻을 갖고 있습니다.

★ 한자어 ★
군계일학(群鷄一鶴)

해설
- 군계일학(群鷄一鶴) : 닭의 무리 가운데에서 한 마리의 학이란 뜻으로, 많은 사람 가운데서 뛰어난 인물을 이르는 말.
- 대동소이(大同小異) : 큰 것이 같고 작은 것이 다르다는 뜻으로, 큰 차이 없이 거의 같음을 이르는 말.
- 난형난제(難兄難弟) : 누구를 형이라 하고 누구를 아우라 하기 어렵다는 뜻으로, 두 사물이 비슷하여 낫고 못함을 정하기 어려움을 이르는 말.

11회 | 56~58쪽

낱말은 쏙쏙! 생각은 쑥쑥!

★ 그림으로 낱말 찾기 ★
① 은하수 ② 위로하다 ③ 짜다 ④ 안타깝다 ⑤ 애원하다

★ 낱말 뜻 알기 ★
① 사정, 형편 ② 청하는, 들어줌 ③ 딱하여, 아픔
④ 소원, 사정 ⑤ 무리, 비유

★ 낱말 친구 사총사 ★
①

해설 ②, ③, ④에 쓰인 '짜, 짜는'은 '실이나 끈 따위를 씨와 날로 걸어서 천 따위를 만들다.'라는 뜻으로 사용되었고, ①에 쓰인 '짰어'는 '계획이나 일정 따위를 세우다.'라는 뜻으로 사용되었습니다.

★ 연상되는 낱말 찾기 ★
① 칠석 ② 은하수 ③ 위로하다

★ 짧은 글짓기 ★
- 예 홍길동은 마당에서 홍판서에게 아버지라 부르게 해 달라고 애원하면서 무릎을 꿇었다.
- 예 나는 상대 편의 골대 앞에서 안타깝게도 우리 편 선수에게 공을 패스하지 못했다.
- 예 아빠는 식탁에서 나에게 춤을 배우는 것을 허락해 주시겠다고 말씀하셨다.

낱말 쌈 싸 먹기

★ 맞춤법 ★
넓적하다

해설 '넓적하다[넙쩌카다]'은 '넙적하다'로 잘못 쓰기 쉬운 말입니다. 한글 맞춤법은 표준어를 소리대로 적되, 어법에 맞도록 함을 원칙으로 하므로 바르게 기억하여 둡니다.

★ 띄어쓰기 ★
㉯

해설 흔히 고유어 수 뒤에 쓰이는 '길'은 길이의 단위로, 앞말과 띄어 씁니다.

★ 관용어 ★
오리발

해설 그림은 언니의 초콜릿을 몰래 먹어 놓고 시치미를 떼며 속이려는 상황을 표현하고 있습니다. 이런 상황과 어울리는 속담에는 '닭 잡아먹고 오리발 내놓기'가 있습니다. '닭 잡아먹고 오리발 내놓기'는 '옳지 못한 일을 저질러 놓고 엉뚱한 수작으로 속여 넘기려 하는 일을 비유적으로 이르는 말'이라는 뜻을 갖고 있습니다.

★ 한자어 ★
家業(가업), 農事(농사)

12회 | 60~62쪽

낱말은 쏙쏙! 생각은 쑥쑥!

★ 그림으로 낱말 찾기 ★
① 지지하다 ② 후보자 ③ 학력 ④ 공약 ⑤ 참여

★ 낱말 뜻 알기 ★
① 학교, 경력 ② 공평 ③ 끼어들, 관여 ④ 물건, 가공, 다시
⑤ 단체, 정책

★ 낱말 친구 사총사 ★
②

해설 ①, ③, ④에 쓰인 '재생'은 '낡거나 못 쓰게 된 물건을 가공하여 다시 쓰게 함'이라는 뜻으로 사용되었고, ②에 쓰인 '재생'은 '녹음·녹화한 테이프나 필름 따위로 본래의 소리나 모습을 다시 들려주거나 보여 줌'이라는 뜻으로 사용되었습니다.

★ 연상되는 낱말 찾기 ★
선거, 공약, 공정하다

★ 짧은 글짓기 ★
- 예 학교 살리기 운동을 통해서 우리 반 아이들은 학교를 사랑하는 마음을 배웠다.
- 예 각 후보자들은 최선을 다해서 선거 운동을 하였다.
- 예 선거관리위원들은 공정한 선거를 위해 최선을 다하였다.

낱말 쌈 싸 먹기

★ 맞춤법 ★
끼여들기 → 끼어들기

해설 '차가 옆 차선에 무리하게 비집고 들어서는 일'이란 뜻으로, '끼다'와 '들다'가 결합하면 연결 어미 '-어'가 붙어 '끼어들다'가 되므로 바르게 기억하여 둡니다.

★ 띄어쓰기 ★
㉯

해설 '나들이옷'은 '나들이'와 '옷'이 하나로 합쳐져서 쓰이는 낱말로, 붙여 씁니다.

★ 관용어 ★
눈, 아프지

해설 그림은 엄마와 아빠가 아기가 귀여워 어쩔 줄 모르는 상황을 표현하고 있습니다. 이런 상황과 어울리는 관용구에는 '눈에 넣어도 아프지 않다'가 있습니다. '눈에 넣어도 아프지 않다'는 '매우 귀엽다.'라는 뜻을 갖고 있습니다.

★ 한자어 ★
동분서주(東奔西走)

해설
• 동고동락(同苦同樂) : 괴로움과 즐거움을 함께 한다는 뜻으로, 같이 고생하고 같이 즐기는 것을 이르는 말.
• 동분서주(東奔西走) : 동쪽으로 뛰고 서쪽으로 뛴다는 뜻으로, 사방으로 이리저리 몹시 바쁘게 돌아다님을 이르는 말.
• 수수방관(袖手傍觀) : 팔짱을 끼고 보고만 있다는 뜻으로, 간섭하거나 거들지 아니하고 그대로 버려둠을 이르는 말.

13회 | 64~66쪽

낱말은 쏙쏙! 생각은 쑥쑥!

★ 그림으로 낱말 찾기 ★
① 유실되다 ② 경사 ③ 풍화 ④ 퇴적 ⑤ 지표

★ 낱말 뜻 알기 ★
① 지구, 겉면 ② 떠내려가 ③ 기초, 요소 ④ 암석, 파괴
⑤ 암석, 바람, 운반

★ 낱말 친구 사총사 ★
④

해설 ①, ②, ③에 쓰인 '상류'는 '강이나 내의 발원지에 가까운 부분'이라는 뜻으로 사용되었고, ④에 쓰인 '상류'는 '수준 따위가 높은 부류'라는 뜻으로 사용되었습니다.

★ 연상되는 낱말 찾기 ★
지표, 풍화, 경사

★ 짧은 글짓기 ★
• 예 내일 친구가 나를 위해서 짐을 운반하기로 하였다.
• 예 밤새 마을 사람들은 유실된 제방을 복구하기 위해 열심히 모래주머니를 쌓았다.
• 예 오후에 경사가 급한 길을 지나면서, 아빠는 사고를 피하기 위해 속도를 줄이셨다.

낱말 쌈 싸 먹기

★ 맞춤법 ★
곱빼기

해설 '곱빼기'는 '곱배기'로 잘못 쓰기 쉬운 말입니다. 한글 맞춤법에서는 일반적으로 [빼기]로 발음되는 경우에는 '빼기'로 적도록 규정하고 있습니다.

★ 띄어쓰기 ★
㉯

해설 수량을 나타내는 명사구 뒤에 붙는 '꼴'은 '그 수량만큼 해당함'의 뜻을 더하는 접미사로, 앞말에 붙여 씁니다. '100원꼴'이나 '열 개꼴' 같은 표현에서도 역시 붙여 씁니다.

★ 관용어 ★
가재

해설 그림은 엄마는 드라마를 보려 하고, 아빠는 다른 프로그램을 보려고 하는데 딸이 엄마 편을 들고 있는 상황을 표현하고 있습니다. 이런 상황과 어울리는 속담에는 '가재는 게 편'이 있습니다. '가재는 게 편'은 '모양이나 형편이 서로 비슷하고 인연이 있는 것끼리 서로 잘 어울리고, 사정을 보아주며 감싸 주기 쉬움을 비유적으로 이르는 말'이라는 뜻을 갖고 있습니다.

★ 한자어 ★
立場(입장), 分明(분명)

14회 | 68~70쪽

낱말은 쏙쏙! 생각은 쑥쑥!

★ 그림으로 낱말 찾기 ★
① 재촉하다 ② 단련 ③ 낭비 ④ 흡족하다 ⑤ 자투리

★ 낱말 뜻 알기 ★
① 보람, 실속 ② 정신적, 밑짐 ③ 빨리, 조르다
④ 행동, 무게 ⑤ 모자람, 넉넉, 만족

★ 낱말 친구 사총사 ★
③

해설 ①, ②, ④에 쓰인 '단련'은 '몸과 마음을 굳세게 함'이라는 뜻으로 사용되었고, ③에 쓰인 '단련'은 '쇠붙이를 불에 달군 후 두드려서 단단하게 함'이라는 뜻으로 사용되었습니다.

★ 연상되는 낱말 찾기 ★
여가, 손해, 낭비

★ 짧은 글짓기 ★
• 예 아빠는 늘 회사에서 자투리 시간이 생기면 운동을 하신다.

- 예 엄마는 어제 학교에서 동생이 의젓하게 발표하는 것을 보고 눈물을 흘리셨다.
- 예 친구가 어제 오후에 학교에서, 일주일 전에 빌려준 책을 돌려달라고 재촉했다.

 낱말 쌈 싸 먹기

★ 맞춤법 ★
동녁 → 동녘

해설 '동녘[동녁]'은 '동녁'으로 잘못 쓰기 쉬운 말입니다. 글자 모양과 읽을 때의 소리가 다른 낱말은 틀리기 쉬우므로 바르게 기억하여 둡니다.

★ 띄어쓰기 ★
㉮

해설 '집어먹다'는 '겁, 두려움 따위를 가지게 되다.'라는 뜻으로, 붙여서 한 낱말로 씁니다.

★ 관용어 ★
길고 짧은

해설 그림은 힘이 세 보이는 아이와 약해 보이는 아이가 승부를 가리기 위해 직접 팔씨름을 하는 상황을 표현하고 있습니다. 이런 상황과 어울리는 속담에는 '길고 짧은 것은 대어 보아야 안다'가 있습니다. '길고 짧은 것은 대어 보아야 안다'는 '크고 작고, 이기고 지고, 잘하고 못하는 것은 실지로 겨루어 보거나 겪어 보아야 알 수 있다는 말'이라는 뜻을 갖고 있습니다.

★ 한자어 ★
인지상정(人之常情)

해설
- 일심동체(一心同體) : 한마음 한 몸이라는 뜻으로, 서로 굳게 결합함을 이르는 말.
- 일언지하(一言之下) : 말 한 마디로 끊는다는 뜻으로, 한 마디로 딱 잘라 말하거나 또는 두말할 나위 없음을 이르는 말.
- 인지상정(人之常情) : 사람의 일반적인 마음이라는 뜻으로, 사람이면 누구나 가지는 보통의 마음이나 생각을 이르는 말.

15회 | 72~74쪽

 낱말은 쏙쏙! 생각은 쑥쑥!

★ 그림으로 낱말 찾기 ★
❶ 장애물 ❷ 우쭐거리다 ❸ 격파 ❹ 겨누다 ❺ 표적

★ 낱말 뜻 알기 ★
❶ 목표, 물건 ❷ 쏟아부음 ❸ 의기양양, 뽐내다
❹ 가로막, 사물 ❺ 단단, 깨뜨림

★ 낱말 친구 사총사 ★
❶

해설 ❷, ❸, ❹에 쓰인 '겨누는, 겨눌, 겨누면서'는 '활이나 총 따위를 쏠 때 목표물을 향해 방향과 거리를 잡다.'라는 뜻으로 사용되었고, ❶에 쓰인 '겨누어'는 '한 물체의 길이나 넓이 따위를 대중이 될 만한 다른 물체와 견주어 헤아리다.'라는 뜻으로 사용되었습니다.

★ 연상되는 낱말 찾기 ★
양궁, 격파, 방향

★ 짧은 글짓기 ★
- 예 나는 언니가 우쭐거리는 모습이 보기 싫어서 얼굴을 돌렸다.
- 예 그 선수는 최고의 자리에 오르기 위해 지금까지 수많은 장애물을 넘었다고 한다.
- 예 우리는 표적을 놓치지 않으려고 온 정신을 집중하였다.

 낱말 쌈 싸 먹기

★ 맞춤법 ★
더욱이

해설 '그러한 데다가 더.'라는 뜻의 '더욱이[더우기]'는 '더우기'로 잘못 쓰기 쉬운 말입니다. 글자의 모양과 읽을 때의 소리가 다른 낱말은 틀리기 쉬우므로 바르게 기억하여 둡니다.

★ 띄어쓰기 ★
㉮

해설 '이러나저러나'는 지금까지의 화제를 다른 데로 돌릴 때 쓰는 말로, 붙여서 한 낱말로 씁니다.

★ 관용어 ★
발

해설 그림은 길을 가다 만나는 아이들과 다 인사할 정도로 알고 지내는 아이가 많은 상황을 표현하고 있습니다. 이런 상황과 어울리는 관용구에는 '발이 넓다'가 있습니다. '발이 넓다'는 '사귀어 아는 사람이 많아 활동하는 범위가 넓다.'라는 뜻을 갖고 있습니다.

★ 한자어 ★
本人(본인), 不幸(불행)

16회 | 76~78쪽

★ 그림으로 낱말 찾기 ★
① 사투리 ② 발 ③ 몰두하다 ④ 돋우다 ⑤ 삭히다
⑥ 속살

★ 낱말 뜻 알기 ★
① 식물, 겉껍질 ② 바다, 가장자리 ③ 감정
④ 가늘게, 갈대 ⑤ 학문, 단체

★ 낱말 친구 사총사 ★
②

해설 ①, ③, ④에 쓰인 '동상'은 '구리로 만든 사람의 형상'으로 사용되었고, ②에 쓰인 '동상'은 '추위 때문에 살갗이 얼어서 조직이 상하는 일'이라는 뜻으로 사용되었습니다.

★ 연상되는 낱말 찾기 ★
삭히다, 사투리, 몰두하다

★ 짧은 글짓기 ★
- 예 아버지는 변화무쌍한 봄 날씨 때문에 겉옷을 가지고 다녔다.
- 예 할아버지는 민속놀이를 발전시키기 위하여 학회를 조직하셨다.
- 예 엄마는 햇빛을 가리기 위해 창문에 대나무 발을 달았다.

★ 맞춤법 ★
닦았다

해설 '때, 먼지 녹 따위의 더러운 것을 없애거나 윤기를 내려고 거죽을 문지르다.'의 뜻인 '닦다'는 '딱다'로 잘못 쓰기 쉬운 말이므로 바르게 기억하여 둡니다.

★ 띄어쓰기 ★
㉮

해설 '톳'은 김을 묶어 세는 단위(한 톳은 김 100장)로, 수량을 세는 명사는 앞말과 띄어 씁니다.

★ 관용어 ★
구슬, 보배

해설 그림은 아이가 위인전 100권을 책꽂이에 꽂아두고 흐뭇해하자, 엄마가 읽지 않고 꽂아두기만 하면 소용없다고 이야기하는 상황을 표현하고 있습니다. 이런 상황과 어울리는 속담에는 '구슬이 서 말이라도 꿰어야 보배'가 있습니다. '구슬이 서 말이라도 꿰어야 보배'는 '아무리 훌륭하고 좋은 것이라도 다듬고 정리하여 쓸모 있게 만들어 놓아야 값어치가 있음을 비유적으로 이르는 말'이라는 뜻을 갖고 있습니다.

★ 한자어 ★
公同(공동), 作業(작업)

17회 | 80~82쪽

★ 그림으로 낱말 찾기 ★
① 인력거 ② 다듬잇돌 ③ 설피 ④ 경대 ⑤ 아궁이

★ 낱말 뜻 알기 ★
① 음식, 구멍 ② 수레, 교통수단 ③ 연기, 긴급
④ 문서, 전달 ⑤ 교통, 흐름

★ 낱말 친구 사총사 ★
③

해설 '갓 쓰고 자전거 탄다'는 '전혀 격에 어울리지 않게 차려입은 것을 놀림조로 이르는 말.'이라는 뜻으로 사용되었습니다.

★ 연상되는 낱말 찾기 ★
경대, 설피, 봉수

★ 짧은 글짓기 ★
- 예 엄마는 옷감을 하얗게 만들기 위해 잿물을 넣고 삶았다.
- 예 아버지는 교통 체증 때문에 회사에 지각을 했다.
- 예 옛날 사람들은 옷감의 구김살을 펴기 위해 다듬잇돌과 다듬잇방망이를 사용했다.

★ 맞춤법 ★
맵씨 → 맵시

해설 '아름답고 보기 좋은 모양새.'라는 뜻의 '맵시[맵씨]'는 '맵씨'로 잘못 쓰기 쉬운 말입니다. 글자의 모양과 읽을 때의 소리가 다른 낱말은 틀리기 쉬우므로 바르게 기억하여 둡니다.

★ 띄어쓰기 ★
㉯

해설 '물결치다'는 '물결'과 '치다'가 하나로 합쳐져서 쓰이는 한 낱말입니다.

★ 관용어 ★
약, 병

해설 그림은 친구의 비판을 듣고 상처를 받았지만, 다른 친구가 나쁜 성격을 고치기 위해서는 받아들여야 한다고 충고하는 상황을 표현하고 있습니다. 이런 상황과 어울리는 속담에는 '입에 쓴 약이 병에는 좋다'가 있습니다. '입에 쓴 약이 병에는 좋다'는 '자기에 대한 충고나 비판이 당장은 듣기에 좋지 아니하지만 그것을 달게 받아들이면 자기 수양에 이로움을 이르는 말.'이라는 뜻을 갖고 있습니다.

★ 한자어 ★

과유불급(過猶不及)

해설 • 과유불급(過猶不及) : 정도를 지나침은 미치지 못함과 같다는 뜻으로, 중용(中庸)이 중요함을 이르는 말.
• 조삼모사(朝三暮四) : 아침에 세 개, 저녁에 네 개라는 뜻으로, 당장 눈앞에 나타나는 차별만을 알고 그 결과가 같음을 모르는 상황을 비유하거나 간사한 꾀를 써서 남을 속임을 이르는 말.
• 적반하장(賊反荷杖) : 도둑이 도리어 몽둥이를 든다는 뜻으로, 잘못한 사람이 도리어 잘한 사람을 나무라는 경우를 이르는 말.

18회 | 84~86쪽

★ 그림으로 낱말 찾기 ★
① 잎맥 ② 턱잎 ③ 잎자루 ④ 목본 ⑤ 초본

★ 낱말 뜻 알기 ★
① 줄기, 가지 ② 결과, 짐작 ③ 잎자루 ④ 규칙성, 줄기
⑤ 미생물, 약품

★ 낱말 친구 사총사 ★
①

해설 ②, ③, ④에 쓰인 '느티나무', '소나무', '은행나무'는 '땅 위의 줄기가 나무와 같은 식물'인 '목본'의 종류입니다. 따라서 다른 셋을 포함하는 큰 말에 해당되는 것은 ① '목본'입니다.

★ 연상되는 낱말 찾기 ★
방부제, 산사태, 잎맥

★ 짧은 글짓기 ★
• 예 어머니는 옷감을 염색을 하기 위해 천연 색소를 사용하였다.
• 예 나는 턱잎을 관찰하기 위해 돋보기를 사용하였다.
• 예 우주는 초본 식물의 특징을 알아보기 위해 강아지풀을 관찰하였다.

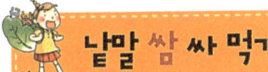

★ 맞춤법 ★
배불뚝이

해설 '배불뚝이'는 '배불뚜기'로 잘못 쓰기 쉬운 말입니다. '어떤 물체가 불룩하게 나와 있는 것'을 나타내는 형용사는 '불뚝하다'로 '배가 불룩하게 나온 사람이나 사물'을 일컬어 '배불뚝이'라고 하므로 바르게 기억하여 둡니다.

★ 띄어쓰기 ★
㉮

해설 '쯤'은 '정도'의 뜻을 더하는 접미사로, 앞말에 붙여 씁니다.

★ 관용어 ★
가방끈

해설 그림은 친구에게 부모님이 대학을 마치고 대학원까지 졸업했다고 말하는 상황을 표현하고 있습니다. 이런 상황과 어울리는 관용구에는 '가방끈이 길다'가 있습니다. '가방끈이 길다'는 '많이 배워 학력이 높다.'라는 뜻을 갖고 있습니다.

★ 한자어 ★
每番(매번), 放心(방심)

19회 | 88~90쪽

★ 그림으로 낱말 찾기 ★
① 고민 ② 위반 ③ 피켓 ④ 충고 ⑤ 후회

★ 낱말 뜻 알기 ★
① 믿음, 의리 ② 사람, 마련 ③ 허락, 사유 ④ 잘못, 결점
⑤ 잘못, 뉘우침

★ 낱말 친구 사총사 ★
④

해설 '사정 두다'는 '남의 형편을 헤아려 생각한다.'라는 뜻으로 사용되었습니다.

★ 연상되는 낱말 찾기 ★
통행, 위반, 대기실

★ 짧은 글짓기 ★
• 예 우민이는 건널목을 무단으로 횡단하다가 큰 사고를 당했다.
• 예 준수는 환경 보호 캠페인을 하기 위해 피켓을 들었다.
• 예 진우는 고민을 상담하기 위해 선생님을 찾아갔다.

낱말 쌈 싸 먹기

★ 맞춤법 ★

미다지 → 미닫이

해설 '미닫이[미:다지]'는 '미다지'로 잘못 쓰기 쉬운 말입니다. 한글 맞춤법은 표준어를 소리대로 적되, 어법에 맞도록 함을 원칙으로 하기 때문에 바르게 기억하여 둡니다.

★ 띄어쓰기 ★

㉮

해설 '넘어가다'는 '다음 순서나 시기, 또는 다른 경우로 옮아가다.'라는 뜻으로, 붙여서 한 낱말로 씁니다.

★ 관용어 ★

박힌 돌

해설 그림은 엊그제 이사 온 아이가 새로 골목대장이 되어 원래 있던 아이가 대장 자리에서 물러나는 상황을 표현하고 있습니다. 이런 상황과 어울리는 속담에는 '굴러온 돌이 박힌 돌 뺀다'가 있습니다. '굴러온 돌이 박힌 돌 뺀다'는 '외부에서 들어온 지 얼마 안 되는 사람이 오래전부터 있던 사람을 내쫓거나 해치려 함을 비유적으로 이르는 말'이라는 뜻을 갖고 있습니다.

★ 한자어 ★

노발대발(怒發大發)

해설
• 살신성인(殺身成仁): 자신의 몸을 죽여 인을 이룬다는 뜻으로, 자기의 몸을 희생하여 옳은 도리를 행하는 것을 이르는 말.
• 안하무인(眼下無人): 눈 아래에 사람이 없다는 뜻으로, 방자하고 교만하여 다른 사람을 업신여김을 이르는 말.
• 노발대발(怒發大發): 몹시 크게 성을 낸다는 뜻으로, 몹시 노하여 펄펄 뛰며 성을 내는 모습을 이르는 말.

20회 | 92~94쪽

낱말은 쏙쏙! 생각은 쑥쑥!

★ 그림으로 낱말 찾기 ★

❶ 합성하다 ❷ 연적 ❸ 벼루 ❹ 붓글씨 ❺ 서진

★ 낱말 뜻 알기 ★

❶ 문헌, 글자 ❷ 글씨 ❸ 재료, 작품 ❹ 건축물, 방향
❺ 문방구, 네모

★ 낱말 친구 사총사 ★

③

해설 ❶, ❷, ❹에 쓰인 '합성'은 '둘 이상의 것을 합쳐서 하나를 이룸'으로 사용되었고, ❸에 쓰인 '합성'은 '생물이 빛에 의해 얻은 에너지를 이용하여 유기화합물을 만드는 작용'이라는 뜻으로 사용되었습니다.

★ 연상되는 낱말 찾기 ★

제작하다, 벼루, 동력

★ 짧은 글짓기 ★

• 예 선비는 화선지를 눌러두기 위해 서진을 가지고 갔다.
• 예 친구들과 나는 원작을 감상하기 위해 미술관을 방문하였다.
• 예 민용이는 사진을 합성하기 위해 컴퓨터를 사용하였다.

낱말 쌈 싸 먹기

★ 맞춤법 ★

당겼다

해설 '당기다'는 '정한 시간이나 기일을 앞으로 옮기거나 줄이다.' 또는 '물건 따위를 힘을 주어 자기 쪽이나 일정한 방향으로 가까이 오게 하다.'라는 뜻이고, '댕기다'는 '불을 옮아 붙게 하다.'라는 뜻입니다. 따라서 문장에 어울리는 낱말은 '당기다'입니다.

★ 띄어쓰기 ★

㉯

해설 '물샐틈없이'는 '조금도 빈틈이 없이'라는 뜻으로, 붙여서 한 낱말로 씁니다.

★ 관용어 ★

긁어

해설 그림은 아이가 엄마에게 공연히 시험 점수 이야기를 꺼냈다가 밤늦게 문제를 풀고 자야 하는 상황을 표현하고 있습니다. 이런 상황과 어울리는 속담에는 '긁어 부스럼'이 있습니다. '긁어 부스럼'은 '아무렇지도 않은 일을 공연히 건드려서 걱정을 일으킨 경우를 비유적으로 이르는 말'이라는 뜻을 갖고 있습니다.

★ 한자어 ★

自身(자신), 部下(부하)

21회 | 96~98쪽

낱말은 쏙쏙! 생각은 쑥쑥!

★ 그림으로 낱말 찾기 ★

❶ 진귀하다 ❷ 효성 ❸ 내쉬다 ❹ 잇몸 ❺ 체면

★ 낱말 뜻 알기 ★

❶ 도리, 얼굴 ❷ 자산, 소유 ❸ 이롭, 도움 ❹ 태도, 신중
❺ 내보내다

★ 낱말 친구 사총사 ★

④

해설 ①, ②, ③에 쓰인 '집', '토지', '귀금속'은 '개인이나 단체가 가지고 있는 경제적 가치가 있는 모든 것'인 '재산'의 종류입니다. 따라서 다른 셋을 포함하는 큰 말에 해당되는 것은 ④ '재산'입니다.

★ 연상되는 낱말 찾기 ★

진귀하다, 효성, 체면

★ 짧은 글짓기 ★

- 예 나는 지혜로운 사람이 되기 위해 평소에 유익한 책을 많이 읽었다.
- 예 아버지는 일찍 퇴근하시는 적이 드물어서 아들을 자주 못 본다.
- 예 엄마는 너무 화가 나서 도저히 진정을 할 수 없었다.

 낱말 쌈 싸 먹기

★ 맞춤법 ★

벛나무 → 벚나무

해설 '벚나무'는 '벛나무'로 잘못 쓰기 쉬운 말입니다. 받침으로 쓰인 'ㅅ'과 'ㅈ'은 대표음이 같아 표기할 때 자주 틀리므로 바르게 기억하여 둡니다.

★ 띄어쓰기 ★

㉮

해설 '커녕'은 어떤 사실을 부정하는 것은 물론 그보다 덜하거나 못한 것까지 부정하는 뜻을 나타내는 보조사로, 앞말에 붙여 씁니다.

★ 관용어 ★

콧대

해설 그림은 친구가 선물을 주는데 무시하면서 거만하게 거절하는 상황을 표현하고 있습니다. 이런 상황과 어울리는 관용구에는 '콧대가 높다'가 있습니다. '콧대가 높다'는 '잘난 체하고 뽐내는 태도가 있다.'라는 뜻을 갖고 있습니다.

★ 한자어 ★

동상이몽(同床異夢)

해설 • 동분서주(東奔西走) : 동쪽으로 뛰고 서쪽으로 뛴다는 뜻으로, 사방으로 이리저리 몹시 바쁘게 돌아다님을 이르는 말.
• 동상이몽(同床異夢) : 같은 자리에 자면서 다른 꿈을 꾼다는 뜻으로, 겉으로는 같이 행동하면서도 속으로는 각각 딴생각을 하고 있음을 이르는 말.
• 동서고금(東西古今) : 동양과 서양, 옛날과 지금을 통틀어 가리키는 것으로, '어디서나, 언제나'를 이르는 말.

22회 | 100~102쪽

 낱말은 쏙쏙! 생각은 쑥쑥!

★ 그림으로 낱말 찾기 ★

① 지름 ② 그림그래프 ③ 반지름 ④ 막대그래프 ⑤ 도막

★ 낱말 뜻 알기 ★

① 중심, 선분 ② 비교, 도형 ③ 수치 ④ 기간, 수량
⑤ 내용, 자세히

★ 낱말 친구 사총사 ★

③

해설 ①, ②, ④에 쓰인 '조사'는 '사물의 내용을 명확히 알기 위하여 자세히 살펴보거나 찾아봄'으로 사용되었고, ③에 쓰인 '조사'는 '죽은 사람에 대해 슬픈 뜻을 표함'이라는 뜻으로 사용되었습니다.

★ 연상되는 낱말 찾기 ★

수확하다, 도막, 해결하다

★ 짧은 글짓기 ★

- 예 아버지는 비가 올 것을 예상하고는 우산을 들고 나갔다.
- 예 슬기는 사각형의 네 변의 길이의 합을 구하기 위해 원의 반지름의 길이를 더하였다.
- 예 우리 회사는 생산량을 높이기 위해 기술을 개발하였다.

 낱말 쌈 싸 먹기

★ 맞춤법 ★

아지랑이

해설 '아지랑이'는 '아지랭이'로 잘못 쓰기 쉬운 말입니다. 'ㅣ' 모음 역행 동화 현상에 의한 발음은 원칙적으로 표준 발음으로 인정하지 않습니다. 다만 몇 가지 예외가 있는 데 '-내기, 냄비, 동댕이치다, 올챙이'는 그러한 동화가 적용된 형태를 표준어로 삼습니다.

★ 띄어쓰기 ★

㉮

해설 '활기차다'는 '활기'와 '차다'가 하나로 합쳐져서 쓰이는 낱말입니다.

★ 관용어 ★

닭

해설 그림은 수영장을 못 가는 대신 커다란 물통에서 물놀이를 하는 상황을 표현하고 있습니다. 이런 상황과 어울리는 속담에는 '꿩 대신 닭'이 있습니다. '꿩 대신 닭'은 '꼭 적당한 것이 없을 때 그와 비슷한 것으로 대신하는 경우를 비유적으로 이르는 말'이라는 뜻을 갖고 있습니다.

★ 한자어 ★

夕陽(석양), 西海(서해)

23회 | 104~106쪽

★ 그림으로 낱말 찾기 ★
❶ 덕담 ❷ 스크랩 ❸ 폐백 ❹ 복조리 ❺ 부럼

★ 낱말 뜻 알기 ★
❶ 혼례, 마당 ❷ 음악, 몸짓 ❸ 장례식, 무덤 ❹ 신문, 부분 ❺ 새벽, 마루

★ 낱말 친구 사총사 ★
❹

해설 ❶, ❷, ❸에 쓰인 '잣', '은행', '땅콩'은 '음력 정월 대보름날에 까 먹던 은행, 밤, 땅콩, 호두, 잣 따위'인 '부럼'의 종류입니다. 따라서 다른 셋을 포함하는 큰 말에 해당되는 것은 ❹ '부럼'입니다.

★ 연상되는 낱말 찾기 ★
덕담, 판소리, 폐백

★ 짧은 글짓기 ★
- 예) 신랑은 신부 집 앞마당에 차려진 초례청에서 결혼식을 올렸다.
- 예) 나는 민속촌에서 양반들을 풍자한 탈춤을 구경하였다.
- 예) 우리 가족은 세종대왕 탄신 기념행사에서 줄다리기를 하였다.

★ 맞춤법 ★
소근소근 → 소곤소곤

해설 '소곤소곤'은 '소근소근'으로 잘못 쓰기 쉬운 말입니다. 모음조화('ㅏ', 'ㅗ' 따위의 양성 모음은 양성 모음끼리, 'ㅓ', 'ㅜ', 'ㅡ' 따위의 음성 모음은 음성 모음끼리 어울리는 현상)에 의해 '소곤소곤', '수군수군'이므로 바르게 기억하여 둡니다.

★ 띄어쓰기 ★
㉯

해설 '짜리'는 '그만한 수나 양을 가진 것' 또는 '그만한 가치를 가진 것'의 뜻을 더하는 접미사로, 앞말에 붙여 씁니다.

★ 관용어 ★
날벼락

해설 그림은 길을 가다가 건물 이층에서 무심코 밖으로 버린 물에 맞는 상황을 표현하고 있습니다. 이런 상황과 어울리는 속담에는 '마른하늘에 날벼락'이 있습니다. '마른하늘에 날벼락'은 '뜻하지 아니한 상황에서 뜻밖에 입는 재난을 이르는 말'이라는 뜻을 갖고 있습니다.

★ 한자어 ★
자초지종(自初至終)

해설
- 자업자득(自業自得): 자기의 업을 스스로 받는다는 뜻으로, 자기가 저지른 일의 결과를 자기가 받음을 이르는 말.
- 어불성설(語不成說): 말이 하나의 일관된 논리를 이루지 못하였다는 뜻으로, 말이 조금도 사리에 맞지 아니함을 이르는 말.
- 자초지종(自初至終): 처음부터 끝까지라는 뜻으로, 처음부터 끝까지의 과정 전체를 이르는 말.

24회 | 108~110쪽

★ 그림으로 낱말 찾기 ★
❶ 약숟가락 ❷ 용매 ❸ 약포지 ❹ 막자 ❺ 각설탕

★ 낱말 뜻 알기 ★
❶ 물질, 용액 ❷ 물질 ❸ 성질, 알갱이 ❹ 가루, 방망이 ❺ 종이

★ 낱말 친구 사총사 ★
❸

해설 ❶, ❷, ❹에 쓰인 '투명하다'는 '물 따위가 속까지 환히 비치도록 맑다.'로 사용되었고, ❸에 쓰인 '투명하다'는 '사람의 말이나 태도, 펼쳐진 상황 따위가 분명하다.'라는 뜻으로 사용되었습니다.

★ 연상되는 낱말 찾기 ★
각설탕, 용질, 막자

★ 짧은 글짓기 ★
- 예) 약사는 아침에 약숟가락으로 약을 조제했다.
- 예) 과학자들은 평생 동안 분자를 연구했다.
- 예) 나는 십 분 동안 용액을 가열한 뒤 시약을 넣었다.

★ 맞춤법 ★
뒹굴며

해설 '누워서 이리저리 구르다.'라는 뜻의 '뒹굴다'는 '딩굴다'로 잘못 쓰기 쉬운 말이므로 바르게 기억하여 둡니다.

★ 띄어쓰기 ★
㉯

해설 '파고들다'는 '깊이 스며들다.'라는 뜻으로, 붙여서 한 낱말로 씁니다.

★ 관용어 ★

귀

해설 그림은 옷가게에서 엄마가 아이의 말을 듣고 아이 말에 따르고 또 금방 아빠의 말을 듣고 아빠 말을 따르는 상황을 표현하고 있습니다. 이런 상황과 어울리는 관용구에는 '귀가 얇다'가 있습니다. '귀가 얇다'는 '남의 말을 쉽게 받아들인다.'라는 뜻을 갖고 있습니다.

★ 한자어 ★

讀者(독자), 感動(감동)

25회 | 112~114쪽

★ 그림으로 낱말 찾기 ★

① 압박 ② 방사능 ③ 방류 ④ 수거 ⑤ 오염

★ 낱말 뜻 알기 ★

① 무력, 꼼짝 ② 흘려보냄 ③ 기념비, 존경
④ 세대, 세대, 자녀 ⑤ 보호, 유지

★ 낱말 친구 사총사 ★

①

해설 ②, ③, ④에 쓰인 '방류'는 '모아서 가두어 둔 물을 흘려보냄'으로 사용되었고, ①에 쓰인 '방류'는 '물고기를 기르기 위하여, 어린 새끼 고기를 강물에 놓아 보냄'이라는 뜻으로 사용되었습니다.

★ 연상되는 낱말 찾기 ★

수거, 방사능, 탄압

★ 짧은 글짓기 ★

- 예 우리 식구는 쓰레기 줄이기 운동에 동참하기 위해 음식을 남기지 않기로 했다.
- 예 나는 일을 빨리 끝내야 한다는 압박감 때문에 잠을 잘 수 없었다.
- 예 우리는 국립묘지를 참배하기 위해 현충원을 찾았다.

★ 맞춤법 ★

반짇고리 → 반짇고리

해설 '반짇고리'는 '반짓고리'로 잘못 쓰기 쉬운 말입니다. '반짇고리'는 '바느질'과 '고리'가 결합한 말로 'ㄹ' 받침을 가진 단어가 다른 단어와 결합할 때 'ㄹ' 소리가 'ㄷ' 소리로 나는 것은 'ㄷ'으로 쓴다는 규정에 따라 '바느질'은 '반짇'이 되므로 바르게 기억하여 둡시다.

★ 띄어쓰기 ★

㉮

해설 '스스럼없다'는 '조심스럽거나 부끄러운 마음이 없다.'는 뜻으로, 붙여서 하나의 낱말로 씁니다.

★ 관용어 ★

찔러나

해설 그림은 아이가 자기는 주스를 못 먹고 오빠만 먹는 것에 심술이 나서 주스에 소금을 넣으려고 하는 상황을 표현하고 있습니다. 이런 상황과 어울리는 속담에는 '못 먹는 감 찔러나 본다'가 있습니다. '못 먹는 감 찔러나 본다'는 '제 것으로 만들지 못할 바에야 남도 갖지 못하게 못쓰게 만들자는 뒤틀린 마음을 이르는 말'이라는 뜻을 갖고 있습니다.

★ 한자어 ★

용호상박(龍虎相搏)

해설
- 용호상박(龍虎相搏) : 용과 범이 서로 싸운다는 뜻으로, 강자끼리 서로 싸움을 이르는 말.
- 화룡점정(畵龍點睛) : 용의 눈동자를 그려 넣는다는 뜻으로, 무슨 일을 하는 데에 가장 중요한 부분을 완성함을 비유적으로 이르는 말.
- 백전백승(百戰百勝) : 백번 싸워 백번 이긴다는 뜻으로, 싸울 때마다 번번이 이김을 이르는 말.

26회 | 116~118쪽

★ 그림으로 낱말 찾기 ★

① 균형 ② 유연하다 ③ 야유 ④ 수칙 ⑤ 기구

★ 낱말 뜻 알기 ★

① 종류, 항목 ② 놀림, 몸짓 ③ 적극, 마음 ④ 행동, 규칙
⑤ 전체, 위치

★ 낱말 친구 사총사 ★

③

해설 ①, ②, ④에 쓰인 '빗자루', '냄비', '망치'는 '세간, 도구, 기계 따위를 통틀어 이르는 말.'인 '기구'의 종류입니다. 따라서 다른 셋을 포함하는 큰 말에 해당되는 것은 ③ '기구'입니다.

★ 연상되는 낱말 찾기 ★

장비, 균형, 수칙

★ 짧은 글짓기 ★

- 예 아버지는 건강을 위해 여가를 활용하여 등산을 하기로 하였다.
- 예 이모는 유연성을 기르기 위해 요가를 하기로 하였다.
- 예 동네 이웃끼리 주차 때문에 욕설을 퍼부으며 싸웠다.

낱말 쌈 싸 먹기

★ 맞춤법 ★
뙤약볕

해설 '여름날에 강하게 내리쬐는 몹시 뜨거운 볕'이라는 뜻의 '뙤약볕'은 '뙈약볕'으로 잘못 쓰기 쉬운 말이므로 바르게 기억하여 둡니다.

★ 띄어쓰기 ★
㉮

해설 '쾌'는 북어를 묶어 세는 단위(한 쾌는 북어 스무 마리)로, 단위를 나타내는 명사는 앞말과 띄어 씁니다.

★ 관용어 ★
지푸라기

해설 그림은 내일이 개학인데 숙제를 하나도 못해 급한 상황에 처하자, 어린 동생에게 만들기 숙제를 부탁하는 상황을 표현하고 있습니다. 이런 상황과 어울리는 속담에는 '물에 빠지면 지푸라기라도 잡는다'가 있습니다. '물에 빠지면 지푸라기라도 잡는다'는 '위급한 때를 당하면 무엇이나 닥치는 대로 잡고 늘어지게 됨을 이르는 말'이라는 뜻을 갖고 있습니다.

★ 한자어 ★
先頭(선두), 口號(구호)

27회 | 120~122쪽

낱말은 쏙쏙! 생각은 쑥쑥!

★ 그림으로 낱말 찾기 ★
① 노릇 ② 달래다 ③ 미어지다 ④ 내젓다 ⑤ 우두커니

★ 낱말 뜻 알기 ★
① 가만히, 모양 ② 물건, 휘두르다 ③ 마음, 기분
④ 공간, 느낌 ⑤ 가슴, 슬픔

★ 낱말 친구 사총사 ★
④

해설 '가슴이 미어지다'는 '마음이 슬픔이나 고통으로 가득 차 견디기 힘들게 되다.'라는 뜻으로 사용되었습니다.

★ 연상되는 낱말 찾기 ★
노릇, 흔적, 달래다

★ 짧은 글짓기 ★
• 예 아버지는 출근 시간에 전철에 사람이 많아 갑갑하여 버스를 탔다.
• 예 어머니는 어젯밤에 모기 때문에 밤잠을 설쳤다.

• 예 삼촌은 지난 주말에 빨리 장가들라는 할머니의 재촉 때문에 맞선을 보았다.

낱말 쌈 싸 먹기

★ 맞춤법 ★
덥썩 → 덥석

해설 '덥석[덥썩]'은 '덥썩'으로 잘못 쓰기 쉬운 말입니다. 한 단어 안에서 뚜렷한 까닭 없이 나는 된소리는 다음 음절의 첫소리를 된소리로 적지만, 'ㄱ, ㅂ' 받침 뒤에서 나는 된소리는, 반드시 예사소리로 적어야 됩니다. 그 예로 '덥석', '국수', '깍두기', '딱지', '갑자기', '몹시' 등이 있습니다.

★ 띄어쓰기 ★
㉯

해설 '나위'는 더 할 수 있는 여유나 더 해야 할 필요를 뜻하는 의존명사로, 앞말과 띄어 씁니다.

★ 관용어 ★
눈

해설 그림은 전학 간 친구의 모습이 잠자리에서도 잊혀지지 않고 자꾸 떠오르는 상황을 표현하고 있습니다. 이런 상황과 어울리는 관용구에는 '눈에 밟히다'가 있습니다. '눈에 밟히다'는 '잊혀지지 않고 자꾸 눈에 떠오르다.'라는 뜻을 갖고 있습니다.

★ 한자어 ★
무릉도원(武陵桃源)

해설 • 심산유곡(深山幽谷) : 깊은 산속과 그윽한 골짜기라는 뜻으로, 깊은 산속의 으슥한 골짜기를 이르는 말.
• 무릉도원(武陵桃源) : 복숭아 꽃이 피는 아름다운 곳이라는 뜻으로, '이상향', '별천지'를 비유적으로 이르는 말.
• 금수강산(錦繡江山) : 비단에 수를 놓은 것처럼 아름다운 산천이라는 뜻으로, 우리나라의 산천을 비유적으로 이르는 말.

28회 | 124~126쪽

낱말은 쏙쏙! 생각은 쑥쑥!

★ 그림으로 낱말 찾기 ★
① 부녀회 ② 종량제 ③ 단속 ④ 공무원 ⑤ 방범대

★ 낱말 뜻 알기 ★
① 장소, 자세 ② 기관 ③ 주부, 취미 ④ 강도, 범죄
⑤ 무게, 요금

★ 낱말 친구 사총사 ★
③

정답과 해설 17

해설 ❶, ❷, ❹에 쓰인 '경찰', '검사', '소방관'은 '공공 기관에서 일을 맡아 하는 사람'의 종류입니다. 따라서 다른 셋을 포함하는 큰 말에 해당되는 것은 ❸ '공무원'입니다.

★ 연상되는 낱말 찾기 ★

단속, 종량제, 동호회

★ 짧은 글짓기 ★

- 예 그는 자신의 무죄를 증명하기 위해 증인을 내세웠다.
- 예 어머니는 은행에 서류를 내기 위하여 민원서류 발급을 신청하였다.
- 예 방범대는 학교 폭력을 막기 위해 매일 학교 주변을 순찰하였다.

낱말 쌈 싸 먹기

★ 맞춤법 ★

짭짤했다

해설 '음식이 조금 짠듯하다.'는 뜻인 '짭짤하다'는 '짭잘하다'로 잘못 쓰기 쉬운 말입니다. 한 단어 안에서 같은 음절이나 비슷한 음절이 겹쳐 나는 부분은 같은 글자로 적기 때문에 바르게 기억하여 둡니다. 그 예로 '똑딱똑딱', '쓱싹쓱싹', '씁쓸하다' 등이 있습니다.

★ 띄어쓰기 ★

㉮

해설 '오만'은 매우 종류가 많은 여러 가지를 이르는 관형사로, 뒷말과 띄어 씁니다.

★ 관용어 ★

수레

해설 그림은 비행기를 한 번도 안 타 본 아이가 비행기에 대해 잘 아는 것처럼 친구들에게 떠들어 대는 상황을 표현하고 있습니다. 이런 상황과 어울리는 속담에는 '빈 수레가 더 요란하다'가 있습니다. '빈 수레가 더 요란하다'는 '실속 없는 사람이 겉으로 더 떠들어 댐을 비유적으로 이르는 말'이라는 뜻을 갖고 있습니다.

★ 한자어 ★

萬事(만사), 所信(소신)

29회 | 128~130쪽

낱말은 쏙쏙! 생각은 쑥쑥!

★ 그림으로 낱말 찾기 ★

❶ 무전기 ❷ 퉁기다 ❸ 용수철 ❹ 확성기 ❺ 소리굽쇠

★ 낱말 뜻 알기 ★

❶ 심장, 진동, 상태 ❷ 나무통, 두드려 ❸ 전기, 장치
❹ 들리게, 기구 ❺ 상태

★ 낱말 친구 사총사 ★

❸

해설 '맥박이 치다'는 '힘이나 기세가 세차게 용솟음치다.'라는 뜻으로 사용되었습니다.

★ 연상되는 낱말 찾기 ★

무전기, 보청기, 마이크

★ 짧은 글짓기 ★

- 예 그는 음정을 잡기 위해 여러 번 헛기침을 했다.
- 예 평생 시끄러운 공사장에서 일한 아버지는 난청이 생겨 귀에 보청기를 끼신다.
- 예 국악 유치원 어린이들은 흥을 돋우기 위해 가야금을 퉁겼다.

낱말 쌈 싸 먹기

★ 맞춤법 ★

폭파하다 → 폭발하다

해설 '폭발'은 '불이 일어나며 갑자기 터짐' 또는 '물질이 급격한 화학 변화나 물리 변화를 일으켜 부피가 몹시 커져 폭발음이나 파괴 작용이 따름. 또는 그런 현상'이라는 뜻이고, '폭파'는 '폭발시켜 부숨'이라는 뜻입니다. 따라서 문장에 어울리는 낱말은 '폭발'입니다.

★ 띄어쓰기 ★

㉯

해설 '물어뜯다'는 '이나 부리로 물어서 뜯다.'라는 뜻으로, 붙여서 한 낱말로 씁니다.

★ 관용어 ★

쇠귀

해설 그림은 엄마가 아이에게 공부를 가르쳐 주는데, 아무리 설명해 주어도 아이가 알아듣지 못하자 답답해하는 상황을 표현하고 있습니다. 이런 상황과 어울리는 속담에는 '쇠귀에 경 읽기'가 있습니다. '쇠귀에 경 읽기'는 '소의 귀에 대고 경을 읽어 봐야 단 한 마디도 알아듣지 못한다는 뜻으로, 아무리 가르치고 일러 주어도 알아듣지 못하거나 효과가 없는 경우를 이르는 말'이라는 뜻을 갖고 있습니다.

★ 한자어 ★

노심초사(勞心焦思)

해설 ・노심초사(勞心焦思) : 마음을 수고롭게 하고 생각을 너무 깊게 한다는 뜻으로, 몹시 마음을 쓰며 애를 태움을 이르는 말.
・이심전심(以心傳心) : 마음에서 마음으로 전한다는 뜻으로, 마음과 마음으로 서로 뜻이 통함을 이르는 말.
・오리무중(五里霧中) : 오 리나 되는 짙은 안개 속에 있다는 뜻으로, 무슨 일에 대하여 방향이나 갈피를 잡을 수 없음을 이르는 말.

30회 | 132~134쪽

★ 그림으로 낱말 찾기 ★

❶ 아름드리 ❷ 외발뛰기 ❸ 사방치기 ❹ 왈츠 ❺ 반주

★ 낱말 뜻 알기 ★

❶ 결과, 정신 ❷ 둘레, 아름 ❸ 노래, 악기 ❹ 기세, 위엄
❺ 어린아이

★ 낱말 친구 사총사 ★

❶

해설 ❷, ❸, ❹에 쓰인 '교정'은 '학교의 마당이나 운동장'으로 사용되었고, ❶에 쓰인 '교정'은 '틀어지거나 잘못된 것을 바로잡음'이라는 뜻으로 사용되었습니다.

★ 연상되는 낱말 찾기 ★

반주, 이어받다, 어르다

★ 짧은 글짓기 ★

・예 벌목꾼은 아름드리 소나무를 베기 위해 큰 톱을 가지고 왔다.
・예 그들은 흥을 돋우기 위해 기악 합주를 하였다.
・예 선비는 어사가 되어 위풍당당한 모습으로 고향에 돌아오기 위해 밤낮으로 책을 읽었다.

★ 맞춤법 ★

역할

해설 '역할'은 '역활'로 잘못 쓰기 쉬운 말입니다. 일상생활에서 잘못 쓰거나 잘못 읽는 한자 중에서 대표적인 것이 '나눌 할(割)' 자입니다. '나눌 할' 자가 들어가는 한자가 상당히 많은데, 이것을 '할'로 읽거나 쓰지 않고 '활'이라고 하는 경우가 많습니다. '역할', '할부', '할인'이 올바른 표현이므로 바르게 기억하여 둡시다.

★ 띄어쓰기 ★

㈏

해설 '본체만체'는 '보고도 아니 본 듯이'라는 뜻으로, 붙여서 하나의 낱말로 씁니다.

★ 관용어 ★

안경

해설 그림은 예쁜 옷들도 많은데 가장 볼품없어 보이는 옷을 입고 마음에 들어서 만족해하는 상황을 표현하고 있습니다. 이런 상황과 어울리는 관용구에는 '제 눈에 안경'이 있습니다. '제 눈에 안경'은 '보잘것없는 물건이라도 제 마음에 들면 좋게 보인다는 말'이라는 뜻을 갖고 있습니다.

★ 한자어 ★

失手(실수), 體面(체면)

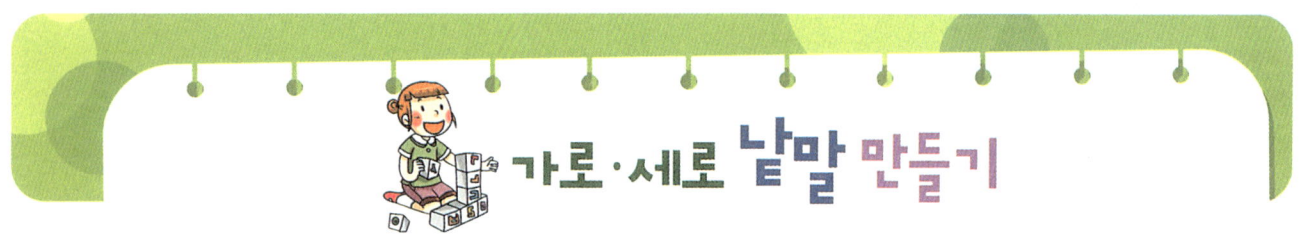

가로·세로 낱말 만들기

01 회 | 15쪽

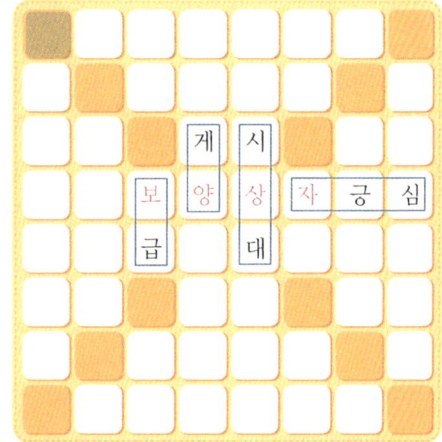

02 회 | 19쪽

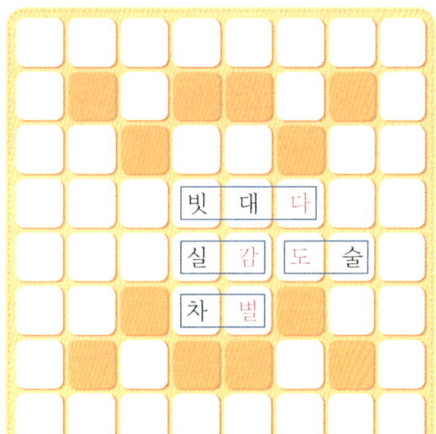

03 회 | 23쪽

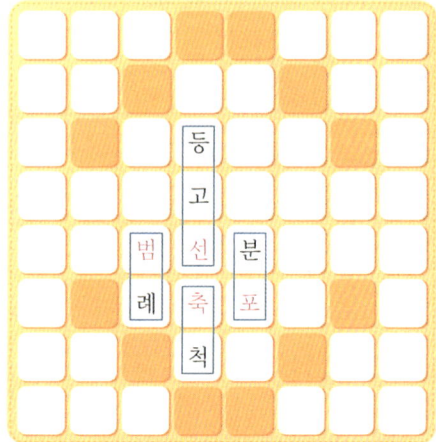

04 회 | 27쪽

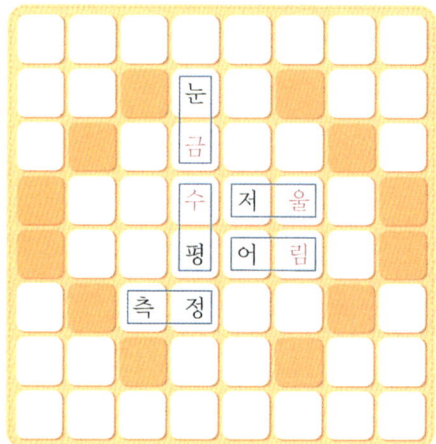

05 회 | 31쪽

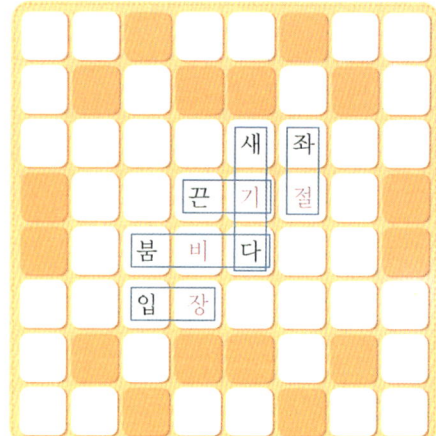

06 회 | 35쪽

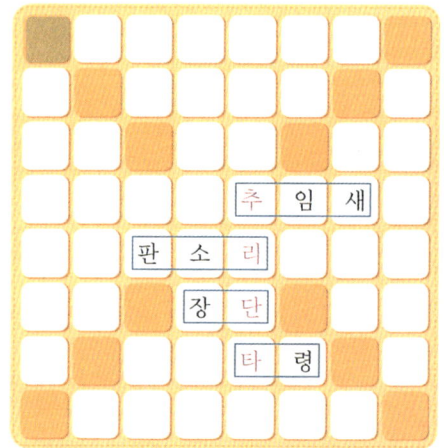

07 회 | 39쪽

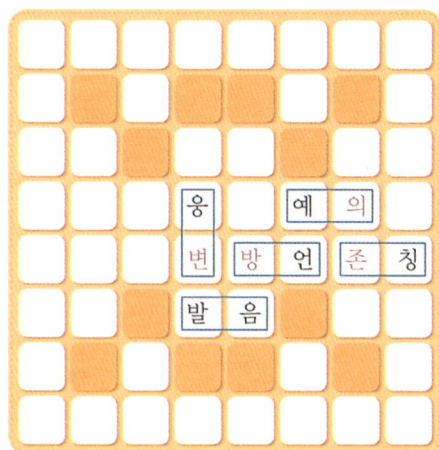

10 회 | 51쪽

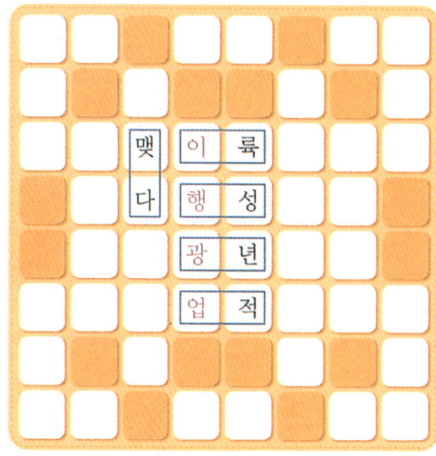

08 회 | 43쪽

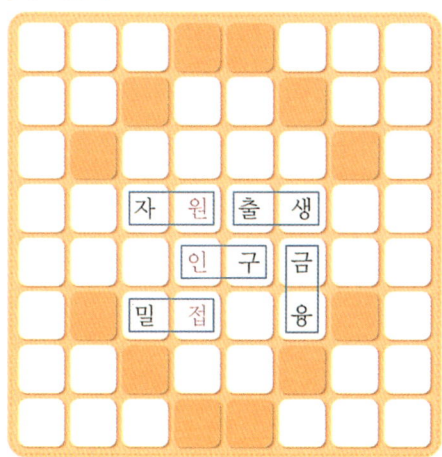

11 회 | 55쪽

09 회 | 47쪽

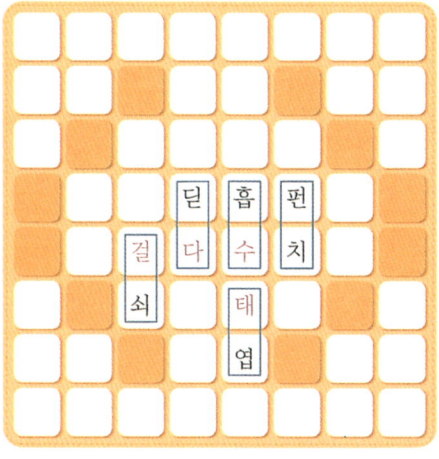

12 회 | 59쪽

13회 | 63쪽
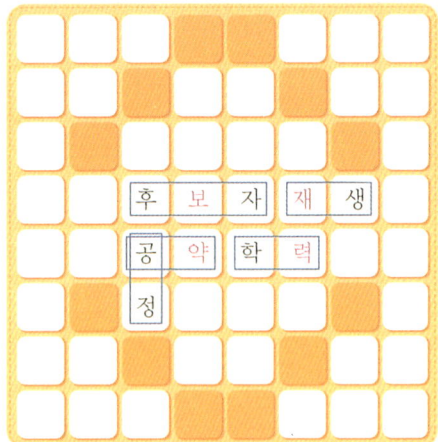

14회 | 67쪽
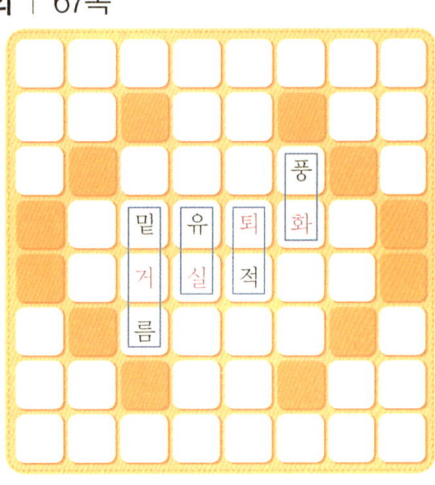

15회 | 71쪽

16회 | 75쪽
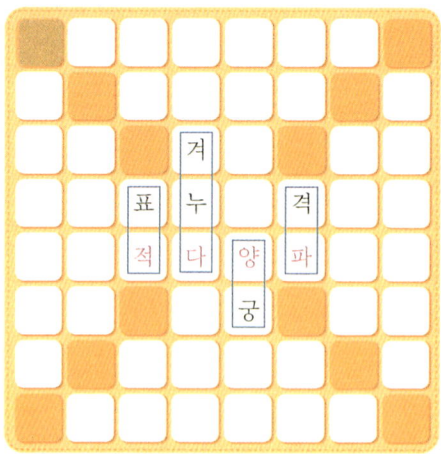

17회 | 79쪽

18회 | 83쪽
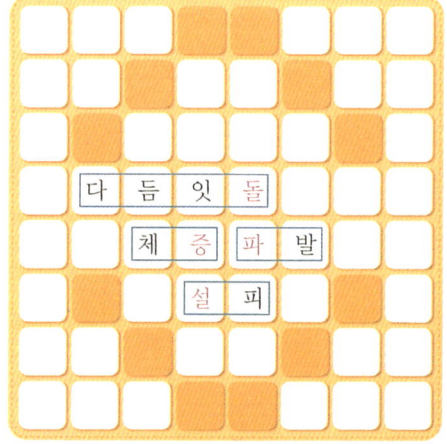

22 정답과 해설

19회 | 87쪽

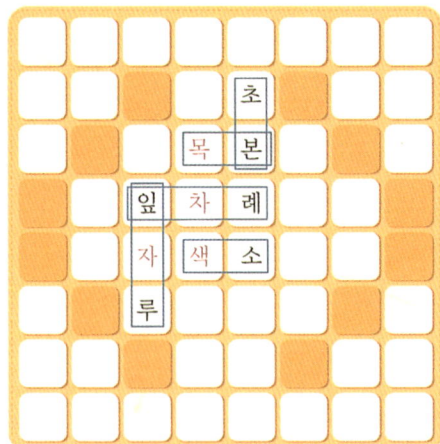

22회 | 99쪽

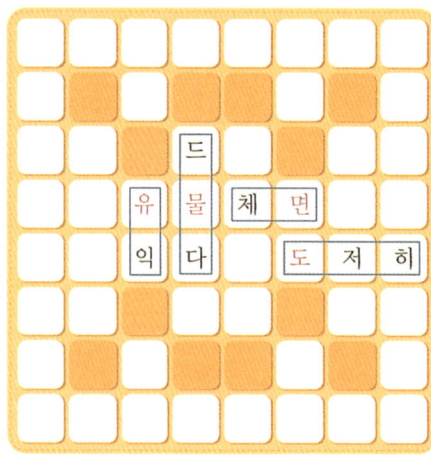

20회 | 91쪽

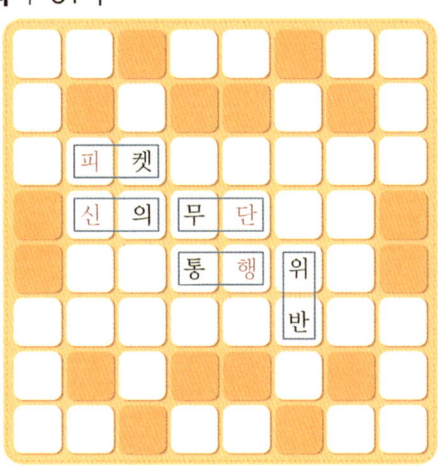

23회 | 103쪽

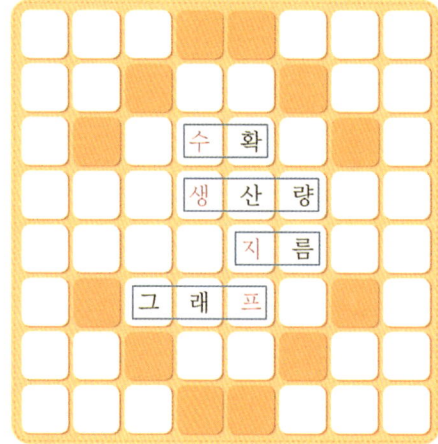

21회 | 95쪽

24회 | 107쪽

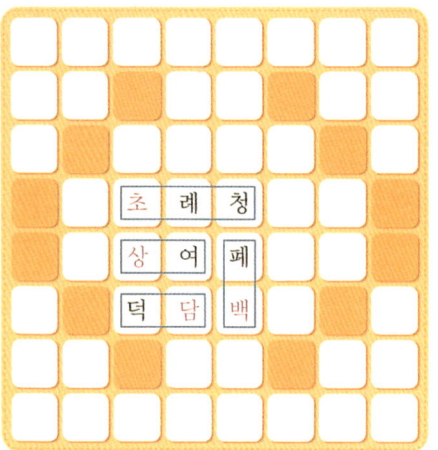

25 회 | 111쪽

28 회 | 123쪽

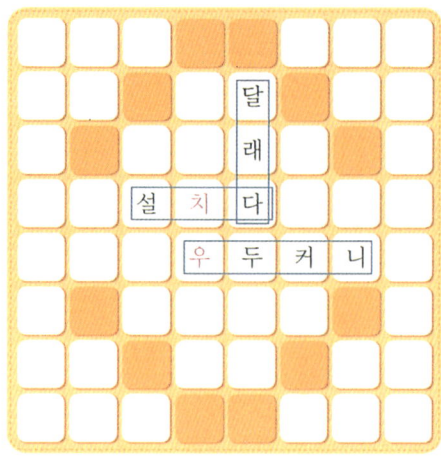

26 회 | 115쪽

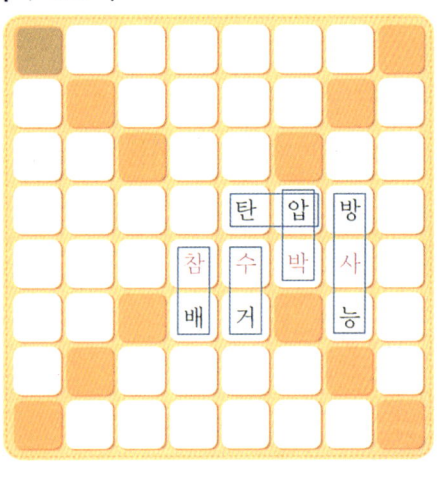

29 회 | 127쪽

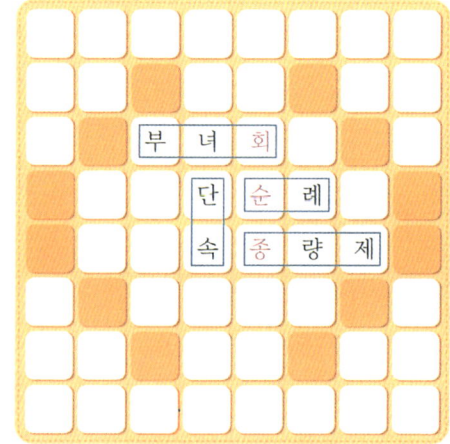

27 회 | 119쪽

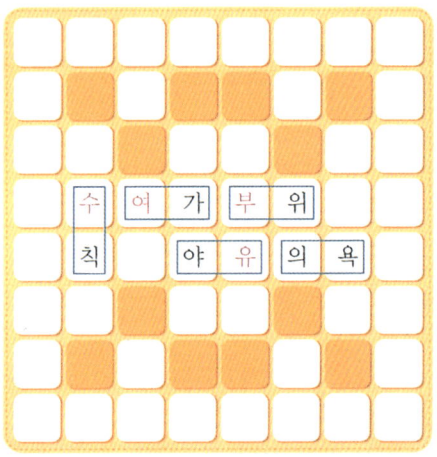

30 회 | 131쪽

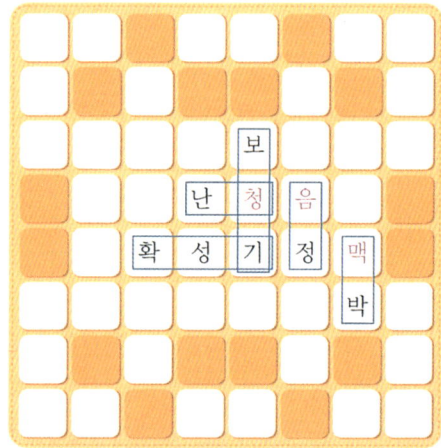